采购·仓储·物流工作手册系列

采购人员
精细化管理
工作手册

弗布克管理咨询中心　编著

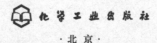

化学工业出版社

·北京·

《采购人员精细化管理工作手册》从企业精细化管理所涉及的管理要点、管理流程、管理规范等角度分别对采购业务中的各个事项予以解析，力求为采购人员的工作实施提供操作指导。

《采购人员精细化管理工作手册》分为 12 个章节，具体包括采购员的岗位职责与要求、采购申请与采购计划制订、供应商开发与管理、采购价格管理、采购洽谈、采购合同管理、采购成本控制、采购交期控制、招标采购、采购方式管理、采购信息管理、采购人员绩效管理等内容。

《采购人员精细化管理工作手册》适合采购管理从业人员、企业咨询师、企业培训人员以及高校相关专业师生的使用。

图书在版编目（CIP）数据

采购人员精细化管理工作手册/弗布克管理咨询中心编著. —北京：化学工业出版社，2020.2（2023.9 重印）
（采购·仓储·物流工作手册系列）
ISBN 978-7-122-35784-7

Ⅰ.①采… Ⅱ.①弗… Ⅲ.①企业管理-采购管理-手册 Ⅳ.①F274-62

中国版本图书馆 CIP 数据核字（2019）第 273722 号

责任编辑：王淑燕　　　　　　　　　文字编辑：李　曦
责任校对：边　涛　　　　　　　　　装帧设计：关　飞

出版发行：化学工业出版社（北京市东城区青年湖南街 13 号　邮政编码 100011）
印　　装：涿州市般润文化传播有限公司
710mm×1000mm　1/16　印张 15¼　字数 286 千字　2023 年 9 月北京第 1 版第 5 次印刷

购书咨询：010-64518888　　　　　　售后服务：010-64518899
网　　址：http：//www.cip.com.cn
凡购买本书，如有缺损质量问题，本社销售中心负责调换。

定　　价：58.00 元

编写说明

当前，物流这个原来的"黑暗大陆"（德鲁克语）正受到前所未有的关注，在一些领域甚至有"得物流者得天下"的说法。

鉴于此，我们特推出"采购·仓储·物流工作手册系列"，旨在解决中国仓储物流业务的规范化运营与精细化执行问题。

向管理要效益，关键在于执行。企业在执行的过程中急需的是实务性的工具。只有运用各类实务性的执行工具，执行到位、有效执行、规范执行、按照制度和流程执行，才能提高企业的执行速度和运营效率，企业才会更加具有竞争力。

可以说，执行力是企业核心竞争力的重要体现，工作流程是企业效率的体现，而速度和细节决定成败。企业如果没有一套精细化的工作执行体系，不把日常管理中的每项工作通过具体的管理工具落到实处，则一切都会浮于表面、流于形式，成为"表面化"管理和"形式化"管理。

正是基于这样的思考，"采购·仓储·物流工作手册系列"从工作内容分析、工作精细化执行两个层面，通过工具、流程、制度、方案、文书、规范、要点、技巧、模板、范例等多种形式，对仓储物流业务管理的各项工作进行详细阐述。

从整体上看，本系列图书涵盖仓储物流业务中的核心业务、关键岗位和关键部门，一方面通过《物流业务精细化管理工作手册》从全局的角度讲解物流业务知识的精细化应用，让读者全面掌握物流管理工作；另一方面通过《采购业务全流程风险管控工作手册》《仓库管理员精细化管理工作手册》《采购人员精细化管理工作手册》《配送人员精细化管理工作手册》四本书，对仓储物流核心业务、关键部门和关键岗位的精细化执行进行深入阐述，关切读者的核心利益，使得本系列形成"1＋4"的图书格局，进而提供了仓储物流全业务解决方案。

从内容上看，本系列图书将企业日常仓储物流业务各类工作内容进行总结提炼，并将其中的关键环节制度化、模板化、规范化、方案化、工具化和流程化，为仓储物流业务工作人员提供各种可以借鉴的范例、模板、流程和工具。让读者能知道工作的关键是什么，自己具体应当做什么；通过业务的执行细化，读者能知道自己应该运用哪些具体的工具和制度，按照怎样的步骤去执行。最终，形成一套精细化的工作执行体系，以辅助仓储物流业务工作人员胜任本职工作，提升业务执行能力。

综上所述，本系列图书所提供的内容属于"参照式"范本，是仓储物流业务工作人员开展工作的工具书和细化执行手册。为了便于读者更好地应用本套书，特提出以下几点意见，以供读者参考。

（1）对于本书提供的工具、方案、流程和模板，读者可根据所在企业的实际情况加以适当修改，或者参照设计，使之与本企业的实际情况相适应。

（2）读者可根据本系列图书的模式，将所在企业每个部门内每个工作事项清晰描述，并制订出具体执行的操作规范和工作流程。

（3）读者要在实践中不断改进已经形成的制度、模板、工具和流程，以达到高效管理、高效工作的目的，最终达成"赢在执行"的目标。

前　言

《采购人员精细化管理工作手册》是"采购·仓储·物流工作手册系列"图书中的一本。本书将"精细化、工具化、实务化"的思路贯穿于每章内容的编写过程中，既能帮助读者系统地把握内容，又能针对读者的工作业务需求提供解决方案。

本书以企业采购工作为中心，立足于采购人员工作实际，针对某一类业务的工作，提供了规范化、精细化、实务化运作的工具，将执行工作落实到具体的岗位和人员，并给出了可操作的方案。

这是一本能够指导采购具体工作的精细化管理手册，也是一本采购业务精细化执行手册，还是一本能够提高采购人员工作技能和效率的工具手册，更是一本采购人员随用随查的枕边书。本书主要有如下3个特点。

1. 有知识，有技能，有模板

本书依照采购人员的工作内容，将其划分为12章，具体包括采购员的岗位职责与要求、采购申请与采购计划制订、供应商开发与管理、采购价格管理、采购洽谈、采购合同管理、采购成本控制、采购交期控制、招标采购、采购方式管理、采购信息管理、采购人员绩效管理等内容。书中包含大量知识、技能以及实用的模板，简单明了，使用者可"即学即用"或"稍改即用"。

2. 有制度，有流程，有工具

本书各章节中的内容，通过要点、策略、流程、工具、制度、文书等模块展现，并且采用图表结合的方式呈现，使内容更加直观，更便于读者的使用。本书是企业采购部进行规范化管理必备的工具书，也是采购管理人员、采购从业人员进行业务规范化操作的指导手册。

3. 有层级，有重点，有要点

本书把采购业务按照流程进行分解，业务层级清晰，同时把采购重点业务进行了解析，并对业务要点进行了详解。业务分层级，解析抓重点，执行说要点。通过层层分解，将知识、技能和工具有机地统合起来，形成精细化的业务手册。

本书既可以作为采购人员开展各项业务的指导手册，也可以作为采购人员进行自我培训和提升的指导用书，还可以作为职业院校相关专业的教材。

在本书的编写过程中，张丽萍编写了本书的第1～4章，张小会编写了第5章，程淑丽、权锡哲编写了第6～7章，金丹仙编写了第8～12章，全书由弗布克管理咨询中心统撰定稿。

本书在编写的过程中难免有不妥之处，望广大读者批评指正。

编著者
2019 年 12 月

目 录

第5章 采购洽谈 / 89

第6章 采购合同管理 / 107

第7章 采购成本控制 / 135

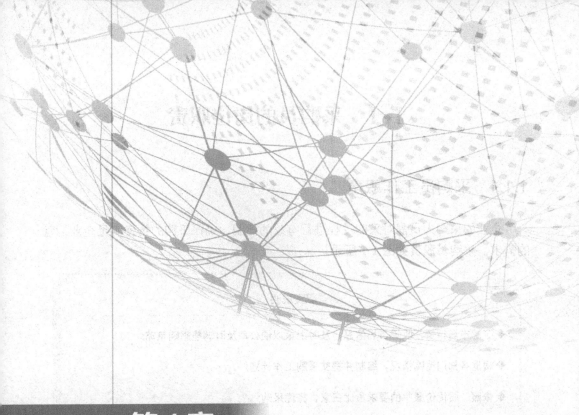

第1章

采购员的岗位职责与要求

1.1 采购员的岗位职责

1.1.1 采购员工作职责

企业的采购人员需对采购过程进行有效的控制，确保采购的物资满足企业运营的需求。采购员职责如图 1-1 所示。

职责说明

◆ 了解市场行情，收集市场信息，及时上报以便公司及时调整采购策略；

◆ 根据各部门请购情况，编制并提交采购工作计划；

◆ 依照"质优价廉"的要求货比三家，择优采购；

◆ 参与采购谈判工作，并协助处理采购的后续工作，保证采购工作的顺利进行；

◆ 加强与供应商的沟通与联系，确保货源充足、稳定；

◆ 协调各部门进行所采购物资的接收及检验工作，就不合格物资及时联络供应商处理

图 1-1 采购员职责

1.1.2 采购员职业素养

职业素养是指职业内在的规范和要求，是在职业过程中表现出来的综合品质，包含职业道德、职业技能、职业行为、职业作风和职业意识等方面的内容。

优秀采购员应具备的职业素养如表 1-1 所示。

表 1-1 优秀采购员应具备的职业素养

职业素养	详细说明
责任心	◆采购人员对自己的所作所为负责,具有对他人、组织承担责任和履行义务的自觉态度,自觉承担相应的责任并履行义务,不推卸责任

职业素养	详细说明
诚实守信	◆采购人员以诚实、善良的态度行使企业赋予的权利和履行自己的义务,不受个人利益、好恶或其他情况的影响,信守承诺
廉洁自律	◆采购人员不利用职务的便利为自己或他人直接或间接牟取私利的做事态度,并自觉遵守企业各项管理制度,保证个人行为及工作行为不与企业利益相抵触
敬业精神	◆采购人员应具有强烈的事业心、专业的工作态度、积极的进取意识,能自觉地调整自己的行为,利用各种资源使工作成果最大化,从而使自身的行为符合企业的要求和利益
成本意识	◆在保证正常工作状态和质量的前提下,采购人员能够积极寻求降低企业采购成本的方法和有效建议,通过控制成本、优化流程等手段,节约资源,使利润最大化
客户意识	◆采购人员要关注内部客户(如物资需求部门)与外部客户(如供应商)不断变化的需求和期望,竭尽全力帮助和服务客户,满足客户的要求和意愿
风险防范意识	◆采购人员对企业采购活动中可能存在的经营风险、突发事件风险、社会责任风险等,具有较强的敏感性,通过对每个细节严谨的思考,准确预见各类因素可能会产生的风险和后果,并提出相应的预防措施和应对方案,有效地规避风险

1.2　采购员的要求

1.2.1　知识要求

1.2.1.1　采购的基础知识

(1) 采购的概念

采购,是指企业为实现经营目标,在充分了解市场要求的情况下,根据企业的经营能力,运用适当的采购策略和方法,通过等价交换,取得适销对路商品的经济活动过程。

采购不仅仅是一种购买行为,还包括:市场调查,了解需要,市场预测,制订计划,确定采购方式,选择供应商,协商洽谈,确定质量、价格、交货期、交货方式、包装运输方式,签订协议,催交订货,质量检验,货款支付等一系列的工作环节。

(2) 采购的类型与方式

① 采购的类型。从狭义上讲,采购就是由买方支付相应款项,从卖方获取物品或服务的行为,但从广义上来讲,采购还包括租赁、交换、外包、征收等形式,

采购的主要具体类型示意图如图 1-2 所示。

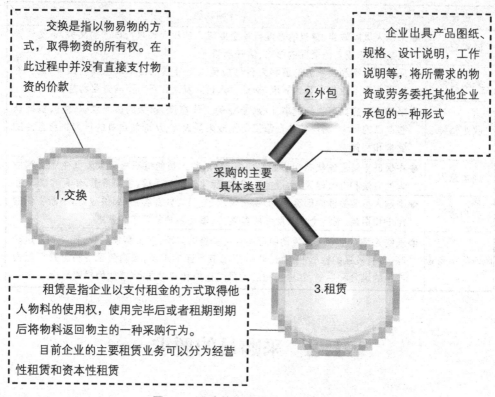

图 1-2　采购的主要具体类型示意图

② 采购的方式。采购的方式是采购主体获取资源、物品或服务的途径、形式与方法。采购方式的选择主要取决于企业制度、资源状况、环境优劣、专业水准、资金情况和储运水平等。

根据不同的划分标准，采购方式有很多种，采购方式说明表如表 1-2 所示。

表 1-2　采购方式说明表

划分标准	主要采购方式
按货物交割时间划分	◆采购方式分为现货采购、远期合同采购和期货采购等
按采购权限划分	◆采购方式分为集中采购和分散采购等
按完成采购任务的途径划分	◆采购方式分为直接采购、委托采购、招标采购和网上采购等

（3）采购的 5R 原则

采购的 5 大要素包括供应商、质量、价格、时间和数量。采购过程中必须遵循 5R 原则，即从"合格的"供应商（Right Supplier）手中，在"合理的"时间（Right Time）内，以"合理的"价格（Right Price）取得正确的数量（Right

Quantity）和符合品质（Right Quality）要求的物料与服务。

实现 5R 目标应采取的措施说明图如图 1-3 所示。

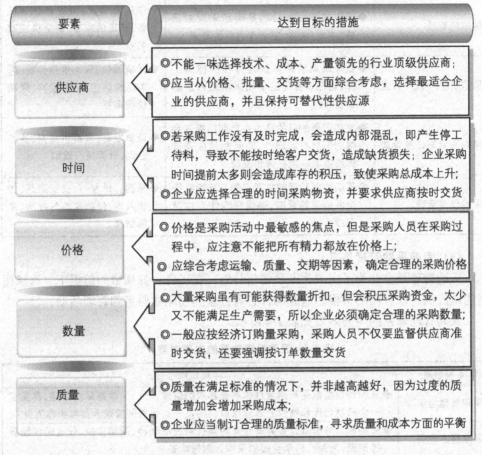

要素	达到目标的措施
供应商	◎不能一味选择技术、成本、产量领先的行业顶级供应商； ◎应当从价格、批量、交货等方面综合考虑，选择最适合企业的供应商，并且保持可替代性供应源
时间	◎若采购工作没有及时完成，会造成内部混乱，即产生停工待料，导致不能按时给客户交货，造成缺货损失；企业采购时间提前太多则会造成库存的积压，致使采购总成本上升； ◎企业应选择合理的时间采购物资，并要求供应商按时交货
价格	◎价格是采购活动中最敏感的焦点，但是采购人员在采购过程中，应注意不能把所有精力都放在价格上； ◎应综合考虑运输、质量、交期等因素，确定合理的采购价格
数量	◎大量采购虽有可能获得数量折扣，但会积压采购资金，太少又不能满足生产需要，所以企业必须确定合理的采购数量； ◎一般应按经济订购量采购，采购人员不仅要监督供应商准时交货，还要强调按订单数量交货
质量	◎质量在满足标准的情况下，并非越高越好，因为过度的质量增加会增加采购成本； ◎企业应当制订合理的质量标准，寻求质量和成本方面的平衡

图 1-3 实现 5R 目标应采取的措施说明图

（4）采购的主要环节

采购过程可划分为 5 大环节，每个环节中又包含了若干的步骤，采购过程主要环节说明表如表 1-3 所示。

表 1-3 采购过程主要环节说明表

主要环节	主要事项	包含步骤
采购计划及预算	◆计划的目的是根据客户需求及生产能力制订采购计划，做好综合平衡，保证物料及时供应，同时降低库存及成本，减少急单	◆评估订单需求、计算订单容量、制订订单计划、制订采购预算、计划与预算报批

主要环节	主要事项	包含步骤
供应商管理	◆供应商评估的目的是满足采购对质量、成本、供应、服务等方面的要求	◆供应商调查、供应商评估准备、初选供应商、确定供应商名单
采购价格与谈判管理	◆做好采购价格与谈判过程的控制工作,确保以合适的价格采购到合适的物资	◆采购询价、采购价格分析、采购底价确定、采购谈判、采购价格审批
采购合同与订单管理	◆发送订单的目的是为生产部门提供合格的原材料和配件,同时对供应商群体绩效表现进行评价反馈	◆订单准备、选择供应商、签订合同、合同执行跟踪
采购作业管理	◆采购作业管理的主要目的是正确执行企业的采购原则,确保采购作业按时完成	◆采购订单制订、交货跟踪、货物入库、付款审核与批准、采购结算

(5) 完善采购管理体系

采购管理是企业为了完成生产和销售计划,在确保可靠质量的前提下,选择适当的供应商,以合理的价格,适时购入必需数量的物品或服务的管理活动。

采购管理体系的主要内容如表 1-4 所示。

表 1-4　采购管理体系的主要内容

主要内容	详细说明
采购管理组织	◆采购管理组织是采购管理体系最基本的组成部分,为做好采购管理,需要有一个机制合理和精悍的管理组织机构及一些优秀的管理人员和操作人员
采购需求分析	◆采购需求分析就是要弄清企业需要采购说明品种、采购多少、什么时候需要等问题,为制订科学合理的采购计划做准备
资源市场分析	◆资源市场分析就是根据企业所需的物资品种,分析资源市场的情况,如资源分布、供应商、质量、价格及交通情况等,分析的重点是供应商和品种分析
采购计划管理	◆制订采购计划是根据需求状况和供应商状况,制订出切实可行的采购订货计划,解决什么时候订货、订购什么、订多少、向谁订、如何订、如何进货、如何支付等问题,为整个采购订货、进货规划一个蓝图; ◆采购计划实施就是把制订的采购计划分配落实到个人,根据既定的进度实施
采购评价与分析	◆采购评价与分析是指在一次采购完成以后对这次采购的评估,或对一定时期内的采购活动的总结
采购监控	◆采购监控是指对采购有关人员、采购资金、采购事务活动的监督、控制
采购基础工作	◆采购基础工作是指为建立科学、有效的采购系统而建立的一些建设工作,包括管理基础工作、软件基础工作和硬件基础工作

1.2.1.2 物流基础知识

采购作为基本的供应活动，包含于企业内部物流和外部物流之中，掌握一定的物流基础知识，是采购人员必备的职业素质。

优秀的采购员需掌握的物流基础知识如表1-5所示。

表1-5 优秀的采购员需掌握的物流基础知识

知识大类	具体内容
物流及其构成要素	◆了解物流的定义,现代物流的内容,物流与商流、资金流和信息流的关系; ◆明确掌握物流活动六大构成要素的内容
物流系统规划	◆主要了解物流系统构成要素和物流系统的五个目标; ◆明确物流系统规划的内容、了解物流信息系统、能够进行物流系统规划与设计
运输与配送	◆了解各种运输方式(铁路、公路、水路、航空和管道运输)及其特点; ◆了解配送的主要功能要素、配送中心的定义和种类、共同配送
第三方物流管理	◆了解第三方物流的概念、特征及其服务内容; ◆掌握第三方物流合同管理的内容、应注意的问题
企业物流管理	◆了解企业物流的水平结构和垂直结构; ◆掌握企业采购与供应物流管理的内容、学习企业生产物流管理和销售物流管理相关知识
库存管理	◆了解库存的作用和类型,明确库存管理的目的,掌握库存量的控制方法及降低库存的措施
物流信息化	◆了解物流信息化的目的和要求,熟练掌握物流信息系统的内容

1.2.1.3 商品学与流通知识

采购的主要标的物是商品（货物），作为一名优秀的从事采购工作的专业人员，必须对商品及商品流通的有关知识进行全面了解和把握。

优秀的采购员需掌握的商品与商品流通学的基础知识如表1-6所示。

表1-6 优秀的采购员需掌握的商品与商品流通学的基础知识

知识大类	具体内容
商品分类	◆了解商品分类的概念、意义、原则和方法; ◆掌握商品分类的基本原则及常用的商品分类标志; ◆了解商品目录及商品编码的种类,熟记我国产品分类及代码
商品标准	◆了解商品标准的概念及种类; ◆掌握国内外商品标准的级别及表现形式

知识大类	具体内容
商品质量与检验	◆明确商品质量的概念及其特性,掌握质量认证和质量体系认证的内容及其区别; ◆掌握商品检验的内容和方法
商品包装	◆了解商品包装的概念、作用及分类,熟练掌握商品运输包装、销售包装相关知识; ◆熟记产品包装标志及其图示
仓储与养护	◆了解商品的入库、在库及出库管理的相关内容; ◆掌握各类商品的养护技术
商品交易组织	◆了解批发市场和贸易中心这两种商品交易组织的特征、功能及交易形式
商品中介组织	◆了解商品的中介组织的形式、各自的特点及活动方式
商品流通政策	◆熟悉商品流通相关政策的内容,如商品流通组织政策、技术政策、布局政策、投融资政策和对外开放政策
国际贸易知识	◆系统掌握国际贸易的相关知识,包括国际采购运作流程,询盘、发盘、还盘等作业的要求,关税的要求,外汇风险及防范措施,国际采购结算知识,国际货物运输知识等

1.2.1.4 商务谈判基础知识

采购人员不仅要同供应商打交道,还要同与采购诸环节相关的各种当事人发生关系。因此,采购人员还应掌握一定的商务谈判基础知识。

优秀的采购员需掌握的商务谈判基础知识如表1-7所示。

表1-7 优秀的采购员需掌握的商务谈判基础知识

知识大类	具体内容
公共关系知识	◆理解公共关系和公共活动的定义,了解公共关系的构成要素和主要功能; ◆掌握公共关系活动的策略模式、操作模式及基本程序
客户关系管理	◆了解客户关系管理的内涵、主要内容及基本模式; ◆掌握实施客户关系管理的九大步骤
商务谈判技巧	◆了解商务谈判的内涵、主要类型及谈判的原则; ◆熟练掌握商务谈判的基本策略及谈判技巧并能有效利用
商务礼仪知识	◆了解商务谈判礼仪应遵循的原则; ◆熟练掌握商务谈判的见面礼仪、过程礼仪及宴请礼仪

1.2.1.5 财税知识

优秀的采购员需掌握的工商税务财务知识如表 1-8 所示。

表 1-8　优秀的采购员需掌握的工商税务财务知识

知识大类	具体内容
财务知识	◆ 了解财务管理的内涵,理解资金时间价值和风险分析,了解企业融资方式、现金管理和应收账款管理的内容; ◆ 了解采购成本的内容,能够编制采购预算,掌握降低采购成本的方法; ◆ 了解财务报表分析的作用、分析的内容及主要方法
税务知识	◆ 了解税收的税种的分类及我国主要的税收制度; ◆ 了解与采购业务有关的税率及税额的计算

1.2.2　能力要求

(1) 预测能力

预测能力是指采购人员在动态的经济环境中,对物资采购价格、供给数量、需求等信息作出合理预测,从而作出何时采购、从哪里采购、采购多少等决策的能力。

(2) 分析能力

对于与采购相关的信息,采购人员应具有较强的分析能力,如对供应商的报价、生产成本、交货时间、付款条件等信息,能够从多角度、多层次进行分析,为采购决策的制定提供有效的依据。

(3) 表达能力

表达能力是指采购人员通过口头或书面形式能够清晰、准确地表达自己意思的能力。采购人员在与供应商交流的过程中,思路清晰、表达简洁,易于让对方理解和接受,避免语意含混,滋生误解。

(4) 人际沟通能力

人际沟通能力是指采购人员能正确地倾听他人的倾诉,理解其感受、需要和观点,善于用人际沟通技巧说服他人、有效化解矛盾和抱怨的能力。

(5) 组织协调能力

组织协调能力是指采购人员对于组织内、外部产生的不和谐行为,通过沟通和协调发现隐藏问题或矛盾,提出相应的解决方法或应对策略,并与企业内、外部人员达成某种共识的能力。采购人员在开展采购业务的过程中,需要协调的部门与事项如图 1-4 所示。

协调部门	协调事项
营销部门	◎就物资供需市场方面进行沟通和协调
技术部门	◎就物资的规格、型号、技术标准和新产品设计等方面进行协调
生产部门	◎就生产计划、物资需求计划、订单计划、物资供应和自制或外包决策等方面进行协调和配合
质量部门	◎就质量知识、质量标准、物资验收工作和供应商质量认证等方面进行协调和配合
财务部门	◎就订购申请、请款、付款和对账等方面进行协调和配合
仓储部门	◎就物资的库存控制、订购点、退货、呆滞料和缺料等方面进行协调和配合

图1-4 采购人员需要协调的部门与事项

（6）商务谈判能力

商务谈判能力是采购人员在双方或多方谈判的过程中所需要的能力。它要求采购人员明确谈判目标，知悉谈判的重点和要害，占有先机，善于运用谈判对手的心理变化，从而能够采取措施来应对问题。

第2章

采购申请与采购计划制订

2.1 采购申请

2.1.1 内容1：提交采购申请

采购申请主要是指由企业各需求部门向负责采购的部门提出在未来一段时间内所需物品的种类及数量等相关的信息，并填制一定的表格交由采购部门。

（1）采购申请的功能

采购申请一般由适当的人员提出，以达到确定需求及内容、有利于管理和确定成本归属的目的，采购申请的功能如图 2-1 所示。

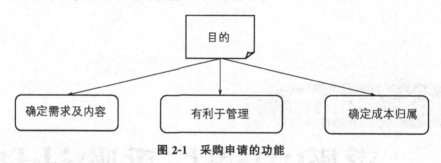

图 2-1　采购申请的功能

（2）采购申请的注意事项

提出采购申请时，采购需求申请人需注意如下几点事项。

① 由适当的采购申请人来进行请购。

② 以书面的方式提出。

③ 确定需求的内容。

④ 以规格表明需求的水准。

⑤ 注意预算的限制。

2.1.2 内容2：采购市场调查

采购前期的市场调查是进行采购需求分析的前提和基础。采购市场调查工作可分为拟定采购市场调查方案、设计采购市场调查问卷、实施采购市场调查、进行分析和预测、撰写采购市场调查报告 5 个阶段，具体介绍如下。

2.1.2.1 拟定采购市场调查方案

在具体进行采购市场调查前，采购人员应对采购市场调查工作进行整体规划，拟订一份完整的采购市场调查方案，以保证采购市场调查工作的顺利实施。在拟订采购市场调查方案时，负责市场调查的采购人员主要从调查目的、调查任务、调查对象与样本、调查方法、调查费用、调查进度等6个方面进行考虑。

(1) 明确市场调查目的

① 根据企业具体情况和采购策略分析调查目的。调查目的是指通过市场调查需达到的目标，采购人员可根据企业的具体情况和采购策略分析市场调查的目的。企业和采购人员的具体情况不同，进行采购市场调查的目的也会有所不同。例如，若采购人员在采购之前对所要采购的产品本身并不熟悉，那么市场调查的目标应先定位在了解、认识此类产品方面；对于制造业企业来说，在采购之前对原材料市场的调查主要是掌握原材料市场的供应及市场竞争情况。

② 用简明、扼要的语言描述调查目的。一般来说，在采购之前进行的市场调查目的如图 2-2 所示。

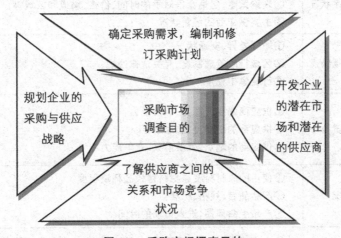

图 2-2　采购市场调查目的

(2) 确定市场调查任务

采购市场调查必须围绕调查目的进行，以便获得有价值的信息资料，为分析采购需求和制订采购计划提供依据。采购市场调查任务主要是指企业内外部会影响到采购决策及作业细节的各种宏观、微观因素。采购调查的主要任务如表 2-1 所示。

(3) 确定调查对象与抽样

① 确定调查对象。调查对象是根据调查目的、调查内容所确定的调查范围及所要调查的总体。对采购市场来说，其调查对象一般为零售商、批发商、物料供应商、企业内部采购人员等。

② 确定调查单位。调查单位是所要调查的社会经济现象总体中的某一个体，是调查中要调查登记的各个调查项目的承担者。采购人员在进行市场调查之前，应于上述众多采购对象中确定到底要针对哪一个群体进行调查。通常，确定调查单位

时要考虑两个方面的因素。确定调查单位需考虑的因素如图2-3所示。

表2-1 采购调查的主要任务

类别	调查项目	具体内容
企业外部调查	宏观环境	①国家宏观经济政策的规定； ②财政金融政策的调整； ③市场利率及汇率的波动； ④通货膨胀及其趋势； ⑤市场的季节性
	市场状况	①市场的规模与增长速度、市场结构； ②各供应商之间的竞争程度； ③替代品的多少
	竞争对手状况	①主要竞争对手的产品生产情况、企业发展情况； ②采购策略，包括竞争对手的时间、价格、渠道和区域等； ③主要供应商的经营状况
	区域市场特点	①地理差异、交通状况； ②区域行政管理制度、有关法律法规； ③行业集中程度
	供应商资料	①供应商的生产能力、供货能力； ②供应商的信誉度、质量水平； ③供应商的地点、发展前景、竞争能力
企业内部调查	产品状况	①使用的原材料及原材料替代品稀缺程度； ②产品品名、规格、标准； ③产品生命周期，进入市场的时间
	企业形势	①生产能力，包括生产规模、机械化程度、生产的产品品种等； ②财务状况，包括企业经营状况、资金周转状况等； ③企业管理能力，包括经营理念、决策者风格、发展战略等； ④采购部的组织机构、人员编制、采购流程、采购管理规范及制度等

③ 进行抽样。大范围的市场调查虽然会有较高的准确度，但其成本同样庞大。为了使有限的资源得到充分的利用，并尽可能提高调查准确度，在进行市场调查之前，采购人员应进行合理的抽样，进行抽样的步骤如表2-2所示。

（4）选择市场调查方法

① 了解市场调查方法。在采购市场调查活动中，常用的调查方法主要有文案调查法和访问调查法两种，文案调查法与访问调查法的比较表如表2-3所示。

② 组合选择调查方法。通过对以上两种调查方法的了解，采购人员可以根据调查内容的不同，灵活选择合适的调查方法。选择适当的调查方法如表2-4所示。

明确调查目的	◎调查目的决定了调查单位的具体范围，如调查目的发生变化，调查单位也就随之改变
明确调查方式	◎不同的调查方式会产生不同的调查单位。如果采取重点调查方式，就只有选定的少数重点单位是调查单位；如果采取典型调查方式，就只有选出的有代表性的单位是调查单位

图 2-3　确定调查单位需考虑的因素

表 2-2　进行抽样的步骤

步骤	具体说明
明确样本的要求	◆在进行样本总体选择时，采购人员应先找到调查对象的特性，并将其具体化，然后再根据调查对象的特性选定适当的调查范围。具体需考虑以下两个方面的因素。 ①调查方式。若选择重点调查方式对供应商进行调查，因供应商太多，不能对所有供应商都进行重点调查，所以一般只对信誉度高、执行能力强的供应商进行重点调查； ②调查目的。若调查的目的是为了开发新的供应商，则可扩大调查的范围，针对生产同一原材料和零部件的供应商进行调查
确定抽样方法	◆在进行调查时，为了在有限的资源下获得尽可能准确的数据，采购人员可以采用在样本总体中抽取部分访问者的方法来提高小范围市场调查的准确度； ◆抽取样本的方法通常有随机抽样法及立意抽样法两种
确定样本数量	◆根据调查经费、人力、时间、设备和工具及对调查结果准确度的要求，选择需要调查的样本数量

表 2-3　文案调查法与访问调查法的比较表

方法＼项目	定义	优点	缺点
文案调查法	收集企业内、外部既有档案资料、研究报告，并对其加以整理、分析，进而提供相关调查报告的调查方法	1. 成本低廉且可立即使用； 2. 能够把握市场发展大趋势； 3. 节省实地调查费用及时间； 4. 协助鉴定访问调查资料的准确性	1. 不能对市场现状进行分析； 2. 所收集的资料易有遗漏
访问调查法	直接向被访问者收集第一手资料的调查方法，包括电话调查、面谈调查、邮寄调查、留置问卷调查等	1. 信息准确、有针对性； 2. 能够把握最新的市场动态	1. 实施成本较高； 2. 获得最终资料的速度相对较慢

表 2-4　选择适当的调查方法

调查内容	适用的调查方法
宏观环境、市场状况、产品状况、企业形势、区域市场状况特点	文案调查法
消费者情况、竞争对手情况等	访问调查法
竞争对手情况、企业形势、产品状况等	文案调查法与访问调查法相结合

（5）估算市场调查费用

市场调查费用是指调查人员对某一项目进行调查时需要的各种人力、物力、财力等各方面的支出，采购人员应在市场调查问卷设计前估算市场调查费用。一般情况下，采购市场调查费用主要包括调查方案设计费、调查问卷设计费、问卷印刷和装订费、调查人员劳务费、异地实施差旅费、交际费、数据录入费、数据分析费、报告制作费、管理费、服务费等。

（6）安排市场调查进度

市场调查是一项较为复杂烦琐的工作，这就要求调查组长事先应将调查过程中需完成的任务进行安排，这样既可以指导和把握调查工作的进度，也可以控制调查成本、确保有限的经费得到充分利用。某公司的采购市场调查进度表如表 2-5 所示，供读者参考。

表 2-5　某公司的采购市场调查进度表

需完成的任务	完成时限	负责人
1. 明确调查目标		
2. 查找文字资料		
3. 拟订调查方案		
4. 设计、制作调查问卷		
5. 实施实地调查		
6. 汇总、处理调查资料		
7. 完成市场调查报告初稿		
8. 修改市场调查报告		
9. 完成市场调查报告,提交相关人员		

2.1.2.2　设计采购市场调查问卷

（1）问卷设计准备

① 明确调查主题及所需的资料。问卷设计者应该明确市场调查的主题以及采用问卷调查时需要收集哪些方面的资料。例如，在拟订调查问卷之前，对于比较容易获得的第二手资料，除非需要进行证实，否则就没有必要出现在问卷之中，以保

证整份问卷的严谨和篇幅的紧凑。

同时，问卷设计者还应根据调查对象的特点和所需收集的资料，运用各种形式的问句将调查目标分解成若干题目，以确保调查目的的实现。

② 明确调查对象的类型。调查问卷应针对调查对象的特点进行设计，才能保证问卷的合理性。所以，在正式进行问卷设计时，问卷设计者应明确调查对象是企业还是个人、是生产商还是经销商、是现实消费者还是潜在消费者等，并掌握各种对象的特征。

(2) 拟写问卷内容

根据不同的调查，问卷会在题型、问句、栏目、措辞、格式等方面都有所不同，但在构成上，一份完整的调查问卷通常都是由卷首语、主体、背景这三个部分组成。

1）拟写卷首语文字

调查问卷的卷首语一般包括以下 5 部分内容。

① 调查的目的。调查的目的是让被调查者了解本份问卷想调查什么。下面是一份调查问卷前面的调查目的。

为了解××原材料供应商的基本状况、供应能力、质量保障能力和对供应市场的看法等，掌握供应××原材料的供应商资料，了解××原材料采购市场的容量，我公司特组织了本次问卷调查活动。

② 问候语。问候语既要体现调查人员对被调查者的尊重和礼貌，又能引起被调查者的重视，以利于消除顾虑，激发参与意识。问候语必须亲切、诚恳、礼貌、文字简明，并在结尾处表示谢意。下面是一份调查问卷前面的问候语。

请积极参加我们的问卷调查，您的参与将为掌握××原材料市场的供应情况提供第一手资料，并将为××产品的生产提供最有价值的信息。衷心地感谢您的合作！

③ 问卷回收方式及其他事项。如说明本次调查是否匿名，调查不会对被调查者产生不利的影响，答卷的注意事项等。下面是一份调查问卷前面的回收方式说明。

请认真填写调查问卷，问卷调查中的"个人资料"部分，请务必如实填写，以便于奖品邮寄和确认。

调查问卷回收完毕后，我们将通过抽签方式抽选出中奖的参与者，并为这些中奖的参与者发放奖品，获奖名单将公布在×年×月出版的××杂志上。

④ 填写说明。在自填式问卷中，必须有问卷填写说明，即告诉被调查者如何填写问卷。下面是一份调查问卷前面的填写说明。

填写要求：

请在所选答案题号上画"√"；

对单选题，只能画一个"√"，对多选题，请在您认为合适的题号上画"√"；

需要填数字的题目，请在横线上填写；

对于在表格中选择答案的题目，请在所选栏目中画"√"；

对注明需要您自己填写的内容，请在规定的地方填上您的意见。

⑤ 市场调查表编号。编号的作用在于识别调查问卷、调查人员以及被调查者的姓名和地址，以便满足校对、检查、更正错误和统计的需要。

2）编写问卷的主体

问卷的主体部分为调查问题的核心内容，包括调查的全部问题及答案。

① 选择问题的形式。问卷的主体就是各式各样的问题，问题一般有开放式和封闭式两种，开放式问题与封闭式问题的比较如表 2-6 所示。

表 2-6　开放式问题与封闭式问题的比较

问题形式	定义	优点	缺点
开放式问题	不提供任何可供选择的答案，由被调查者自由答题。可分为填空式和问答式	1. 能自然地充分反映调查对象的观点、态度； 2. 所获资料比较丰富、生动	统计和处理所获信息的难度较大
封闭式问题	问题的后面同时提供调查者设计的几种不同的答案，这些答案既可能相互排斥，也可能彼此共存，让调查对象根据自己的实际情况在答案中选择	快速有效的调查问卷，便于统计分析	1. 选择答案本身限制了问题回答的范围和方式； 2. 获得的信息的价值很大程度上取决于问题自身的科学性和全面性

② 组织编写问题及答案。在编写问题之前，市场调查组长可根据调查目的和所要了解的信息资料，组织小组成员开展头脑风暴活动，让每个人根据自己的想法随意设计问题及答案，然后进行讨论，最终拟出问题；也可使用专家调查法，由采购部、销售部、生产部、仓储部等部门负责人组成专家小组，由小组人员各自独立地设计问题，最后加以汇总和筛选。

3）拟写背景调查资料

这部分内容通常放在调查问题的最后，主要调查的是被调查者的个人背景材料。下面是一份市场调查问卷所包括的背景资料，背景资料问题表如表 2-7 所示。

(3) 设计问卷样式

① 筛选问题。市场调查负责人可根据表 2-8 中所述的 7 个注意事项，筛选上述通过头脑风暴和专家调查两种方法收集的问题，并加以补充。

② 将问题排序。采购调查小组应根据逻辑合理、层次分明、由浅及深、由易到难的原则，认真推敲问题的目的、内容、数据及排列次序，将问题排序。

表 2-7 背景资料问题表

序号	问题	答案
1	您的职位	□总经理/总裁□高级经理□经理□职员
2	受教育的程度	□初中及以下□技校、职高、中专、高中□大专□本科□研究生及以上
3	贵公司 所属行业	□制造业□批发/零售/贸易□酒店/旅游/餐饮□房地产/建筑 □交通运输/仓储/物流□媒体/公关/出版业□其他

表 2-8 编写问题注意事项

注意事项	举例分析
1. 问卷中所提的问题,应围绕调查目的来编写,力求简单、短小,易于阅读和理解	—
2. 问卷用词要通俗易懂,不要使用专业术语、缩写英文字符等	—
3. 问题用词力求确切、易懂,所问所指清楚、明了	您认为××牌的纸张怎么样?——此问句中的"怎么样"很笼统,被调查者不知回答哪些方面,可改为——您认为××牌纸张的质量如何?
4. 问句内容要单一;如果在一项询问中包含了两个以上的内容,被调查者就很难回答	请问您对××牌油漆的包装是否满意?——这样的问句让人一时很难说清楚,可改为——请问您认为××牌油漆的价格是否合理?
5. 问句不能带有倾向性,词语中不能暗示问卷者的观点,应保持中立	××牌油漆多次获得大奖,您认为它的质量如何?——这一提问已暗示了××牌油漆的质量很好,对被调查者的选择具有引导作用,可改为——您认为××牌油漆的质量如何?
6. 避免用否定句提问,否定式提问一般不符合人的正常思维	您不认为××牌油漆的质量很好吗?——这种否定询问句会影响人们的思维,可改为——您认为××牌油漆的质量好吗?
7. 在设计问题时,应尽可能避免让被调查者回答不愿意让别人知道答案的问题或个人隐私问题	—

③ 设计问卷的版式并排版。调查问卷的版式分为竖排与横排。竖排版通常不分栏,横排版通常有分栏,分栏的多少根据问题及答案字数的多寡而定。采购调查小组应根据调查工作的需求,确定问卷的版式。

调查问卷的版面应该清晰、整齐、美观,版面内容的行与行之间的距离至少是1倍行距,问题后面要多留一些空白供被调查者填写答案。

(4) 测试与修改

① 测试设计好的问卷。在问卷调查设计完成后,还要通过举行小规模试验检查的方式,检验问卷是否合适。首先,必须将问卷交市场调查负责人或专家,听取他们的意见,以求全面表达本次调查意向。其次,可以在同事中或经过挑选的普通

用户当中进行试答。

② 修改测试后的问卷。测试后，调查小组应从图 2-4 所示的五个方面修改、完善调查问卷。

 针对被调查者填写问卷时出现的问题对调查问卷做出修改。问卷测试后，调查人员要询问被调查者，从被调查者的角度了解问卷存在什么问题

 针对是否能达到调查目的对调查问卷做出修改。主要在于检查问卷是否偏离预期的调查目的，问卷中是否有偏离主题的问题

 针对问卷的措辞进行修改。检查问卷中的问题是否有歧义，是否存在引导性的话，语句是否通畅、简洁等

 针对邮寄及自填问卷的外观设计对调查问卷做出修改

 针对调查问卷的页面版式对调查问卷做出修改。如观察整个版面是否美观，字体是否清晰，段落设置是否恰当等

图 2-4　测试后问卷的修改

2.1.2.3　实施采购市场调查

在做好一切准备工作后，就要开展市场调查活动了。这是市场调查各环节中最重要的工作，实施调查得出的信息直接决定本次调查活动的效果。

（1）实施文案调查

1）收集资料

市场调查人员在进行文案调查时，首先应积极展开资料收集，找到可以利用的所有数据与文件。

① 查阅企业内部有关采购的档案资料，如企业有关采购的财务报告、采购记录、供应商档案、同业资料卷宗等。

② 查找外部刊物及索引类资料，如工商企业名录、政府机构的统计调查报告、学术研究机构或民间机构发表的市场调查报告等。

③ 翻阅与采购的原材料、零部件、设备、商品相关的专业书籍及杂志。

④ 必要时可以利用企业介绍信，向相关部门主动索取资料。

2）筛选资料

资料收集后，由于资料数量庞大，良莠不齐，市场调查人员应于使用之前对这些资料进行筛选，排除不可靠的资料。为了方便查阅，市场调查人员最好通过编写摘要的方式，对挑选出的资料进行记录，以备撰写调查报告时使用。资料摘要及索

引的编写格式可参考表 2-9 所示。

表 2-9　资料摘要及索引的编写格式

资料名称	内容摘要	资料来源
……	……	……

(2) 实施访问调查

实施访问调查一般是根据所拟订的调查提纲或问卷，采用访谈询问的方式，从被调查者处获得所需资料。实施访问调查的作业程序如下。

1）筹建访问调查小组

一般来说，访问调查小组成员由调查组长（1 名）、访问员（若干名）、复核员（1～2 名）3 类人员组成，共同负责采购调查工作。

2）培训调查人员

访问调查小组筹建完毕后，调查组长可对所有访问员进行培训，调查人员培训内容如图 2-5 所示。

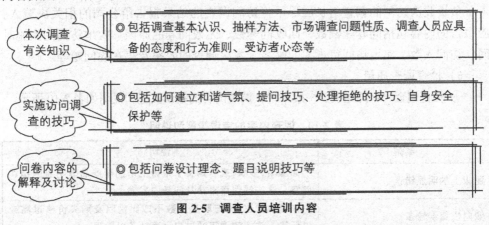

本次调查有关知识　◎包括调查基本认识、抽样方法、市场调查问题性质、调查人员应具备的态度和行为准则、受访者心态等

实施访问调查的技巧　◎包括如何建立和谐气氛、提问技巧、处理拒绝的技巧、自身安全保护等

问卷内容的解释及讨论　◎包括问卷设计理念、题目说明技巧等

图 2-5　调查人员培训内容

3）访问调查

访问员应依据以下 3 点制订出各自的访问计划，并按计划实施访问调查。

① 访问的准备。包括整个调查的日程安排、调查区域的走访路线、调查区域内的家庭访问的路线。

② 访问。包括决定访问的具体时间，对外出家庭的再次访问、对拒绝接受访问的家庭的处理方式。

③ 访问后的资料整理。包括检查填写内容正确与否，通过电话或再次访问更正发现的错误。

调查组长在调查进行过程中，可通过电话听取访问员的中期报告，在了解已完成的数量的同时，预计今后的完成数量，以便对调查进程加以控制。

4）回收调查问卷

调查组长一般可通过现场提交和邮寄这两种主要的方式回收访问员的调查问卷，调查问卷回收的步骤如图2-6所示。

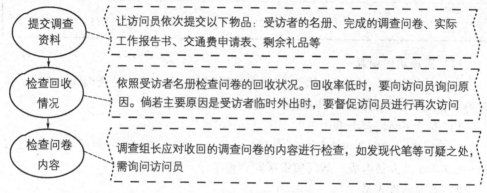

图2-6　调查问卷回收步骤

5）实地访问报告

负责此次访问的调查组长应尽早将访问调查的结果报告给公司的相关决策人，应报告的内容包括问卷配额数、回收问卷数、无效问卷的原因、实地访问的实施时间、访问人数、实地访问负责人的姓名、本次调查的效率及存在的问题等。

6）检查调查质量

① 检查调查内容的错误。一般来说，调查内容的错误类型和说明如表2-10所示。

表2-10　调查内容的错误类型和说明

类型	说明
逻辑上的明显错误	如漏填，多填，或者购买了未曾上市的新产品等明显的错误回答。这些错误可直接从问卷中发现
倾向性错误较多	如营业额过少、与职员人数不成比例以及购买价格过高或过低等。这类错误可通过电话确认予以发现
调查问卷中不易发现的错误	如逻辑性、倾向性都无不妥，但却是非真实的答案

② 检查质量的方法。问卷质量检查方法如图2-7所示。

不管采用何种回访方式，都要注意不要让受访者感受到公司对访问员的怀疑。

③ 检查项目。访问调查项目与方式一览表如表2-11所示。

2.1.2.4　进行分析和预测

（1）确定采购预测目标

确定预测目标就是明确预测目的，预测目的有一般目的和具体目的之分。一般

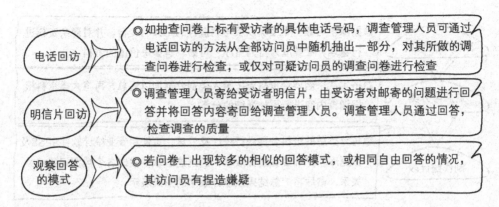

图 2-7　问卷质量检查方法

表 2-11　访问调查项目与方式一览表

调查项目	调查方式
1. 是否访问了	最近本公司的访问员是否向您进行了关于某某的调查
2. 访问指定的受访者了吗	请问是哪一位接受了调查
3. 提问正确吗	从调查问卷中选出 2～3 个问题向受访者询问。将结果与调查结果进行对比，如果不一致，则为可疑问卷
4. 是否出示了卡片、照片	可以选择给人印象深刻的卡片、照片向受访者询问："访问员是否给您看了××的卡片(照片)"
5. 访问时间的长短	如果 30 分钟的访问，访问员仅用了 10 分钟，那么该访问员就有可能捏造了部分答案

目的往往比较笼统、抽象，如掌握市场变化趋势、市场行情变动等；具体目的是进一步明确这次为什么要预测，预测什么具体问题，要达到什么样的效果。这就需要采购人员把抽象的命题转化为可操作的具体问题，如将经营状况分解为销售量、销售率、利润额等。

（2）整理调查资料

对于收集的各种资料，采购人员还应结合调查目的及工作需要进行整理。调查资料整理步骤如图 2-8 所示。

（3）分析调查资料

只有对调查收集的资料进行综合分析、判断、归纳，才能正确了解现象之间是否存在联系及如何联系。通常，采购人员可从以下 4 个方面对调查资料进行分析。

① 分析企业所面临的采购环境，包括政治、经济及政策、法律等各方面的问题。

② 分析预测期内影响市场诸因素同采购需求的依存关系。

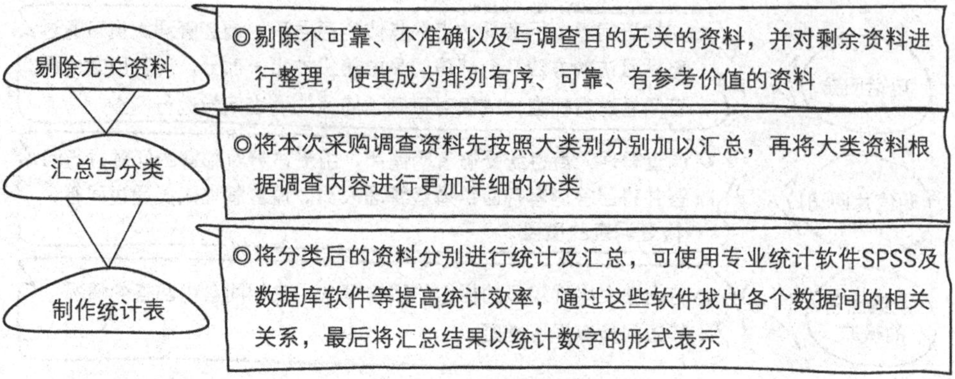

剔除无关资料 ◎剔除不可靠、不准确以及与调查目的无关的资料，并对剩余资料进行整理，使其成为排列有序、可靠、有参考价值的资料

汇总与分类 ◎将本次采购调查资料先按照大类别分别加以汇总，再将大类资料根据调查内容进行更加详细的分类

制作统计表 ◎将分类后的资料分别进行统计及汇总，可使用专业统计软件SPSS及数据库软件等提高统计效率，通过这些软件找出各个数据间的相关关系，最后将汇总结果以统计数字的形式表示

图 2-8　调查资料整理步骤

③ 分析预测期的产供销关系。

④ 分析消费心理、消费倾向的变化趋势。

（4）选择预测方法

采购人员应根据不同的市场现象选择合适的预测方法。常用的市场预测方法如图 2-9 所示。

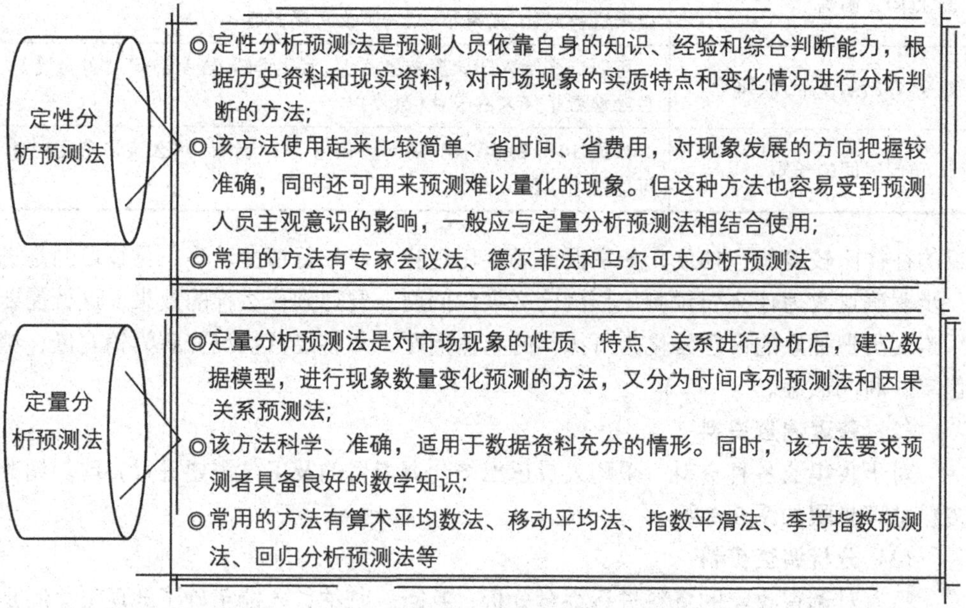

定性分析预测法 ◎定性分析预测法是预测人员依靠自身的知识、经验和综合判断能力，根据历史资料和现实资料，对市场现象的实质特点和变化情况进行分析判断的方法；

◎该方法使用起来比较简单、省时间、省费用，对现象发展的方向把握较准确，同时还可用来预测难以量化的现象。但这种方法也容易受到预测人员主观意识的影响，一般应与定量分析预测法相结合使用；

◎常用的方法有专家会议法、德尔菲法和马尔可夫分析预测法

定量分析预测法 ◎定量分析预测法是对市场现象的性质、特点、关系进行分析后，建立数据模型，进行现象数量变化预测的方法，又分为时间序列预测法和因果关系预测法；

◎该方法科学、准确，适用于数据资料充分的情形。同时，该方法要求预测者具备良好的数学知识；

◎常用的方法有算术平均数法、移动平均法、指数平滑法、季节指数预测法、回归分析预测法等

图 2-9　市场预测方法

（5）做出最终预测

① 修正预测结果。测验人员应利用已定的预测方法或模型，对预测期内的现象进行预测，然后将预测结果与观察的实际结果进行比较。

② 重新预测。预测人员重新预测之前要对原预测方法或模型的可靠性进行分析，对预测所用资料进行审查。若预测方法正确，资料不全、不实的，需重选资料再按原方法进行预测。若预测方法不符合市场运行现象和特点，则要按既定的预测目标重新选择预测方法，然后重新收集资料，按新方法进行预测，直至预测结果接近实际值为止。

③ 评估采购市场发展阶段。采购人员在分析市场行情的基础上，还要对原材料、零部件、商品市场的发展阶段做出评估。一般来说，市场处于不同的阶段，采购形势各不相同。如在导入期，虽然竞争不太激烈，但是采购原材料比较困难，很难选择合适的供应商。在成熟期，采购人员已经建立了稳定的供应商关系，采购策略比较稳定，竞争很激烈，但是波动不会太大。

④ 分析、预测采购价格的变化。不断变化的外部环境及激烈的市场竞争使得采购的价格不断发生变化，为了更好地控制采购成本，预测人员可从 4 个方面展开价格的分析和预测。价格分析与预测如表 2-12 所示。

表 2-12 价格分析与预测

项目	具体说明
分析市场竞争程度	◆当市场由少数几家厂商垄断控制,企业的采购依赖于这些厂商时,采购人员没有讨价还价的余地,企业处于被动地位,不利于企业的长远发展; ◆当市场竞争很激烈、各生产厂商都会轻易地改变价格时,采购人员可以很容易找到新的供应商,而且在谈判过程中占有主动优势
分析供需状况	◆当供给大于需求时,价格就会较稳定甚至降低,采购人员与供应商进行价格谈判时会占有主动性; ◆当需求大于供给时,价格会被供应商抬升,采购人员会处于被动接受的地位
分析物价趋势	◆如果市场通货膨胀,引起物价上涨,那么采购的成交价格也会随之上涨
分析采购批量的变化	◆如果企业生产的产品在市场上供不应求,企业势必要扩大生产规模,采购批量就会增加,单位采购成本价格就有可能降低

2.1.2.5 撰写采购市场调查报告

撰写采购市场调查报告是市场调查的最后一项工作，它将市场调查工作的成果体现于其中，可作为企业分析采购需求的依据。采购市场调查报告要按规范的格式撰写，采购市场调查报告的内容一般由标题、前言、目录、摘要、正文、附录 6 个部分组成。

(1) 编写标题

采购市场调查报告的标题包括采购市场调查报告标题、委托者、执行者以及报告作者和完成日期。标题应醒目并以简明的文字概括性地表明采购市场调查报告的内容。采购市场调查报告标题编写说明如图 2-10 所示。

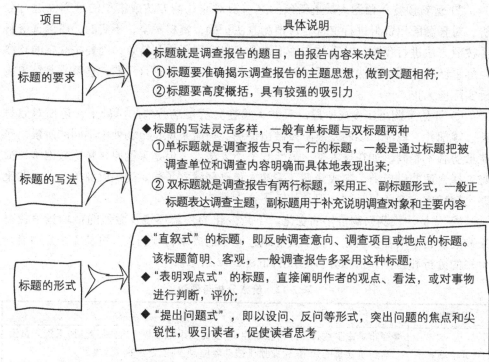

项目	具体说明
标题的要求	◆标题就是调查报告的题目，由报告内容来决定 ①标题要准确揭示调查报告的主题思想，做到文题相符； ②标题要高度概括，具有较强的吸引力
标题的写法	◆标题的写法灵活多样，一般有单标题与双标题两种 ①单标题就是调查报告只有一行的标题，一般是通过标题把被调查单位和调查内容明确而具体地表现出来； ②双标题就是调查报告有两行标题，采用正、副标题形式，一般正标题表达调查主题，副标题用于补充说明调查对象和主要内容
标题的形式	◆"直叙式"的标题，即反映调查意向、调查项目或地点的标题。该标题简明、客观，一般调查报告多采用这种标题； ◆"表明观点式"的标题，直接阐明作者的观点、看法，或对事物进行判断，评价； ◆"提出问题式"，即以设问、反问等形式，突出问题的焦点和尖锐性，吸引读者，促使读者思考

图 2-10 采购市场调查报告标题编写说明

（2）编写前言、目录和摘要

采购市场调查报告的标题确定后，调查人员应编写前言、目录和摘要。前言、目录和摘要的编写说明如表 2-13 所示。

表 2-13 前言、目录和摘要的编写说明

项目	具体说明
前言部分	◆前言包括报告的调研背景、目标、范围、调查方法、调查对象、调查内容、统计方法和必要的定义，以及调查人员对本项调查的态度、对提供帮助的个人和机构的感谢等
目录部分	◆目录指主要章节的名称及所在的页码，可以通过 Word 引用索引和目录来设置
摘要及关键词部分	◆摘要是对报告内容的概述，摘要须简练地概括出调查报告运用的主要方法和主要内容； ◆关键词部分强调调查报告中能代表文章核心内容和思想、出现频率最高的那些词

（3）撰写正文

正文是采购市场调查报告的主要部分，主要包括调查项目的详细陈述、调查方法、调查结果、结论和建议。正文部分必须准确阐明全部有关论据，包括问题的提出、引出结论、论证的全部过程、分析研究问题的方法等。

① 引言。引言即调查报告的开头，"万事开头难"，好的开头，既可使调查报

告顺利展开，又能吸引读者。开头部分的写作方式很多，可根据情况适当选择，但不管怎样，开头部分应围绕三大问题展开，即调查目的、调查方式、调查结论。

② 论述。论述部分是调查报告的核心部分，决定着整个调查报告质量的高低和作用的大小。由于论述一般涉及的内容很多，文字较长，有时也可以用概括性或提示性的小标题，突出文章的中心思想。论述部分大致可分为基本情况和分析部分两大块内容。论述部分的内容如图 2-11 所示。

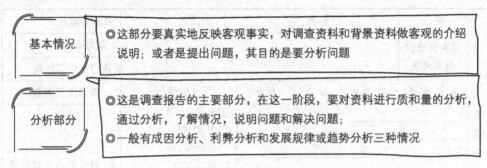

图 2-11　论述部分的内容

③ 结尾。结尾部分是调查报告的结束语。结束语一般有 3 种形式。结束语的 3 种形式如表 2-14 所示。

表 2-14　结束语的 3 种形式

形式	内容说明
概括全文	综合说明调查报告的主要观点,深化文章的主题
形成结论	在对真实资料进行深入细致的科学分析的基础上,得出报告结论
提出看法和建议	通过分析,形成对事物的看法,在此基础上,提出建议或可行性方案

（4）编写附录

附录通常包括空白调查问卷、观察记录表、数据汇总表、被调查者名单、抽样调查技术说明、较为复杂的统计表和参考文献等。

2.1.3　工具 1：采购申请单

采购申请单如表 2-15 所示。

表 2-15　采购申请单

申请部门：　　　　　　　　　　　　　　　　　　申请日期：　　年　月　日

序号	物料名称	单位	数量	需求说明	需求日期	备注

2.1.4 工具 2：请购申请单

请购申请单如表 2-16 所示。

表 2-16 请购申请单

请购日期：　　年　　月　　日　　　　　　　　　　　　需要日期：　　年　　月　　日

<table>
<tr><td rowspan="2"></td><td>部门</td><td></td><td>科室</td><td></td><td colspan="2">申请人</td><td></td><td>请购单编号</td><td></td></tr>
<tr><td rowspan="2">请购物资的
具体用途</td><td rowspan="2"></td><td colspan="4" rowspan="2"></td><td colspan="3">紧急级别</td></tr>
<tr><td rowspan="9">请
购</td><td colspan="3">□普通□速件□紧急</td></tr>
<tr><td>品名、规格、尺寸、功能</td><td>单位</td><td>数量</td><td colspan="3">附件</td><td colspan="3">1. 部门主管签章</td></tr>
<tr><td></td><td></td><td></td><td colspan="3" rowspan="5">□附样品/个
□附图/份
□设计图/份
□现场说明
□其他</td><td colspan="3" rowspan="2"></td></tr>
<tr><td></td><td></td><td></td></tr>
<tr><td></td><td></td><td></td><td colspan="3" rowspan="2">2. 财务经理审核签章</td></tr>
<tr><td></td><td></td><td></td></tr>
<tr><td></td><td></td><td></td><td colspan="3">交货地点</td><td colspan="3" rowspan="2">3. 总经理签章</td></tr>
<tr><td></td><td></td><td></td><td colspan="3"></td></tr>
<tr><td rowspan="10">采
购
比
价</td><td rowspan="2">品牌、厂商、规格、功能</td><td rowspan="2">单位/
数量</td><td rowspan="2">报价(附
估价单)</td><td colspan="2">议价结果</td><td colspan="4" rowspan="2">采购建议</td></tr>
<tr><td>单价</td><td>总价</td></tr>
<tr><td></td><td></td><td></td><td></td><td></td><td colspan="4" rowspan="2"></td></tr>
<tr><td></td><td></td><td></td><td></td><td></td></tr>
<tr><td rowspan="4">采购员
比价签章</td><td rowspan="2"></td><td rowspan="2">□税外加</td><td>□现金</td><td>订购日期</td><td colspan="4" rowspan="2">4. 部门主管签章</td></tr>
<tr><td>□开票</td><td>交货日期</td></tr>
<tr><td rowspan="2">□税内加</td><td rowspan="2"></td><td>□票据</td><td rowspan="2">□订购单
□合约方式</td><td colspan="4" rowspan="2"></td></tr>
<tr><td></td></tr>
<tr><td colspan="6"></td><td colspan="4">5. 总经理签章</td></tr>
<tr><td colspan="6"></td><td colspan="4"></td></tr>
<tr><td rowspan="4">核
实
验
收</td><td>交货日期</td><td colspan="2">年　月　日</td><td colspan="3">备注</td><td colspan="3">6. 验收人员签字</td></tr>
<tr><td></td><td colspan="2"></td><td colspan="3" rowspan="2"></td><td colspan="3" rowspan="2"></td></tr>
<tr><td rowspan="2">规格品名</td><td colspan="2" rowspan="2">□符合□不符合</td></tr>
<tr><td colspan="3">□保留□保修
□维修□保证书□其他</td></tr>
<tr><td>备注</td><td colspan="9">第一联：采购单位(白)，第二联：财务部(红)，第三联：请购单位(蓝)</td></tr>
</table>

2.1.5 流程：采购需求确定业务流程

采购需求确定业务流程如图 2-12 所示。

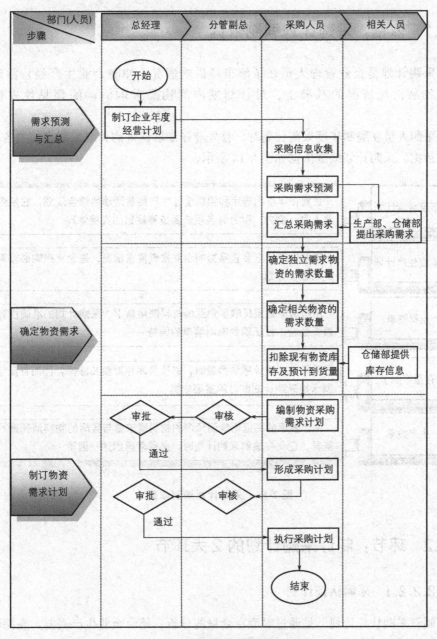

图 2-12　采购需求确定业务流程

2.2 采购计划编制

2.2.1 依据：采购计划编制依据

采购计划是企业管理人员在了解市场供求情况、知晓企业生产经营活动及掌握物品消耗情况的基础上，对计划期内的物品采购活动的预见性安排和部署。

采购人员在编制年度采购计划时，首先要仔细解读采购计划编制依据的各项文件和数据。采购计划编制依据如图2-13所示。

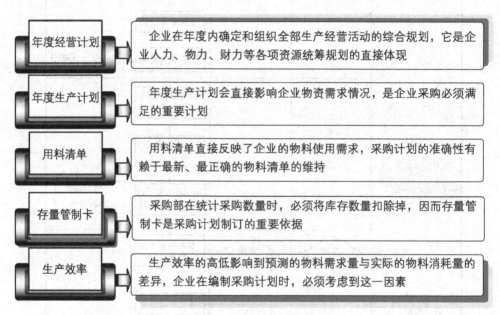

年度经营计划	企业在年度内确定和组织全部生产经营活动的综合规划，它是企业人力、物力、财力等各项资源统筹规划的直接体现
年度生产计划	年度生产计划会直接影响企业物资需求情况，是企业采购必须满足的重要计划
用料清单	用料清单直接反映了企业的物料使用需求，采购计划的准确性有赖于最新、最正确的物料清单的维持
存量管制卡	采购部在统计采购数量时，必须将库存数量扣除掉，因而存量管制卡是采购计划制订的重要依据
生产效率	生产效率的高低影响到预测的物料需求量与实际的物料消耗量的差异，企业在编制采购计划时，必须考虑到这一因素

图2-13　采购计划编制依据

2.2.2 环节：制订采购计划的2大环节

2.2.2.1 采购认证计划

制订采购认证计划，是通过对库存余量的分析，结合企业生产需要，在综合平衡之后制订出基本的采购计划，包括采购的内容、范围和大致数量等。

（1）准备采购认证计划

采购认证计划准备是企业采购计划的第一步，一般包括接收开发需求计划、接收余量需求计划、准备采购认证环境资料以及制订采购认证计划说明书的工作内容。准备采购认证计划的程序如图 2-14 所示。

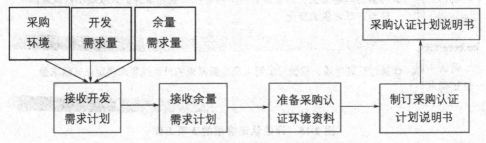

图 2-14　准备采购认证计划的程序

采购认证计划阶段事项说明表如表 2-17 所示。

表 2-17　采购认证计划阶段事项说明表

采购认证计划阶段	阶段事项详细说明
接收开发需求计划阶段	◆企业在制订采购认证计划之前,必须熟悉开发批量计划,在以前或是目前的采购环境中可以找到的物资供应; ◆企业需要采购的是在原来形成的采购环境中无法提供的新物资
接收余量需求计划阶段	◆采购环境扩容需求的产生原因一:随着企业规模的扩大,市场需求也会变大,而旧的采购环境容量不足以支持企业的物资需求; ◆采购环境扩容需求的产生原因二:采购环境容量有了下降的趋势,从而导致物资的采购环境容量逐渐缩小,无法满足企业采购的需求
准备采购认证环境资料阶段	◆企业应熟悉并准备供应商群体认证环境的信息资料,具体包括供应商基本信息、物资信息以及其所处的供应环境关系等内容
制订采购认证计划说明书阶段	◆企业采购部把采购认证计划所需要的资料准备好,其内容不仅包括采购认证计划说明书,还附有开发需求计划、余量需求计划、采购认证环境资料等; ◆采购认证计划说明书中主要包括物资的名称、需求数量、认证周期等内容

（2）评估认证需求

认证需求制订出后就要对其进行评估，在评估认证需求这一环节需要完成 3 项主要工作，包括分析开发需求、分析余量需求以及确认认证需求。评估认证需求的 3 项工作如图 2-15 所示。

（3）计算认证容量

计算认证容量的这一环节主要包括分析采购项目认证资料、计算总体认证容量、计算承接认证容量以及确定剩余认证容量等方面的内容。计算认证容量的 4 项工作如图 2-16 所示。

分析开发需求	◎通过分析开发需求，能够在熟悉需求量的基础上掌握物资的技术特征等信息
分析余量需求	◎导致订单容量变化的原因有以下两种：市场需求的扩大或缩小以及采购环境订单容量的变化
确认认证需求	◎通过认证手段，根据开发需求及余量需求的分析结果来确定认证需求量

图 2-15　评估认证需求的 3 项工作

分析采购项目认证资料	计算总体认证容量	计算承接认证容量	确定剩余认证容量
◎企业需要分析采购项目认证资料，了解各类物资的加工过程和技术特点	◎在供应商认证合同中，应说明认证容量与订单容量的比例； ◎其计算方法是把采购环境中所有供应商的认证容量叠加即可	◎及时计算供应商承接认证容量，确定其正在履行认证的合同量； ◎最恰当、最及时的处理方法是借助电子信息系统，模拟显示供应商已承接认证量	◎剩余认证容量总和为物资的认证容量； ◎物资认证容量=物资供应商认证容量－供应商承接认证容量

图 2-16　计算认证容量的 4 项工作

(4) 制订采购认证计划

制订采购认证计划的主要内容包括对比需求与容量、综合平衡、确定余量认证计划以及制订采购认证计划等方面的内容。制订采购认证计划的 4 项工作如表 2-18 所示。

2.2.2.2　采购订单计划

采购订单计划是指在采购认证计划的基础上制订的实际采购清单。

(1) 评估采购订单需求

评估采购订单需求是采购订单计划中非常重要的一个环节，只有准确地评估采购订单需求，才能为计算采购订单容量提供参考依据，以便制订出好的采购订单计划。

评估采购订单需求主要包括分析市场需求、分析生产需求、确定订单需求三个方面的内容。采购订单需求评估内容说明表如表 2-19 所示。

(2) 计算采购订单容量

计算采购订单容量是制订采购计划的重要组成部分。只有准确地计算采购订单容量，才能对比需求和容量，经过综合平衡，最后制订出正确的采购订单计划。

表 2-18 制订采购认证计划的 4 项工作

采购认证计划主要内容	认证计划工作说明
对比需求与容量	◆若物资认证需求小于供应商认证容量时,可根据物资认证需求制订采购认证计划; ◆若物资认证需求大于供应商认证容量时,需要为剩余认证需求制订另外采购认证计划
综合平衡	◆综合平衡应考虑市场、生产、认证容量等要素后,判断认证需求的可行性; ◆通过调整采购认证计划来满足认证需求,实在不能满足时可以寻找新的供应商
确定余量认证计划	◆对于剩余认证需求,确认能否按物品需求规定的时间及数量交货,为了保证物品及时供给,可简化程序,由具有丰富经验的认证人员操作
制订采购认证计划	◆制订采购认证计划是衔接采购认证计划和采购订单计划的桥梁; ◆采购认证计划中需明确两个关键指标:认证物资数量和开始认证时间

表 2-19 采购订单需求评估内容说明表

主要内容	详细说明
分析市场需求	◆主要分析企业的市场战略以及潜在的市场需求,同时兼顾分析市场要货计划的可信度; ◆只有全面了解市场需求,才能制订出一个使企业远期发展与近期实际需求相结合的采购订单计划
分析生产需求	◆市场需求和生产需求是评估订单需求的两个重要方面,生产需求的大小直接决定了订单需求的大小; ◆分析生产需求,首先需要研究生产需求的产生过程,其次再分析生产需求量和要货时间
确定订单需求	◆订单需求的内容是:通过订单操作手段,在未来指定的时间将指定数量的合格物料采购入库; ◆根据对市场需求和对生产需求的分析结果确定订单需求

　　采购订单容量的计算主要包括分析项目供应资料、计算总体订单容量、计算承接订单容量、确定剩余订单容量四个方面的内容。计算采购订单容量主要内容说明见表 2-20 所示。

(3) 制订采购订单计划

　　制订采购订单计划是采购计划的最后一个环节，也是最重要的环节。这一环节主要包括对比需求与容量、综合平衡、确定余量认证计划、制订采购订单计划四个方面的内容。

　　制订采购订单计划过程示意图如图 2-17 所示。

2.2.2.3　采购订单的要求

　　采购人员应依照以下要求进行采购订单的编制。

　　① 规范订单填写标准，减少人为因素导致的错误，填写完毕认真检查。

表 2-20 计算采购订单容量主要内容说明

主要内容	详细说明
分析项目 供应资料	◆主要是对采购环境中的供应商及所能供应物品资料的分析; ◆对于采购工作而言,在目前的采购环境中,所要采购物料的供应商的信息是一项非常重要的信息资料; ◆供应商充足的物料供应是满足生产需求和市场需求的必要条件
计算总体 订单容量	◆总体订单容量是多方面内容的组合,一般包括两方面内容:一方面是可供给的物料数量;另一方面是可供给物料的交货时间; ◆将不同的供应商在同一交货时间的供应量加总形成总体的订单容量
计算承接 订单容量	◆承接订单容量是指某供应商在指定的时间内已经签下的订单量,承接订单容量的计算过程较为复杂
确定剩余 订单容量	◆剩余订单容量指某物料所有供应商群体的剩余订单容量的总和; ◆公式:物料剩余订单容量=物料供应商群体总体订单容量—已承接订单容量

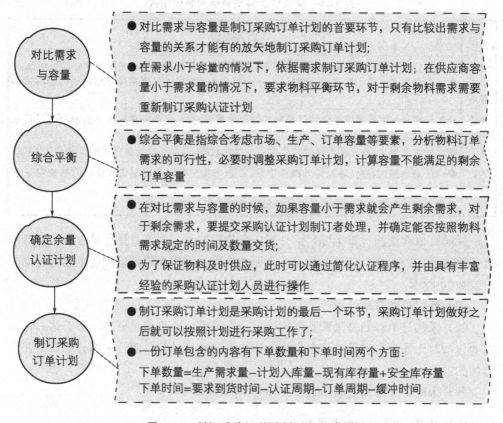

图 2-17 制订采购订单计划过程示意图

② 因用途不同,采购订单会交由不同的人员留存,如其中一联交由采购部留存,一联交由财务部存档,一联交由供应商。采购人员应注意保管,以备查证。

2.2.3 流程：采购计划编制流程

采购计划编制流程如图 2-18 所示。

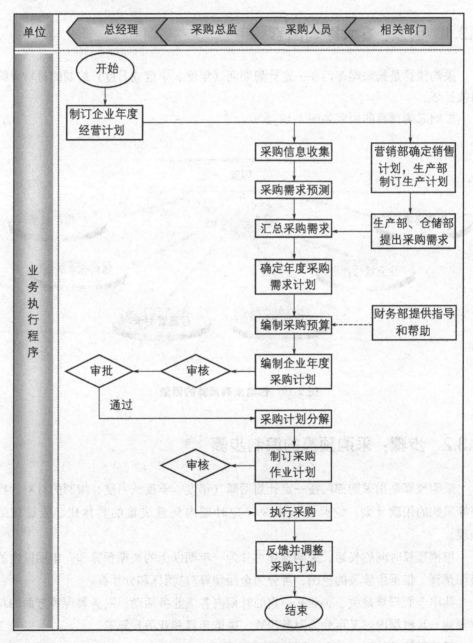

图 2-18 采购计划编制流程

2.3 采购预算管理

2.3.1 因素：6大影响因素

采购预算是指采购部门在一定计划期间（年度、季度或月度）编制的材料采购用款计划。

影响采购预算的因素如图2-19所示。

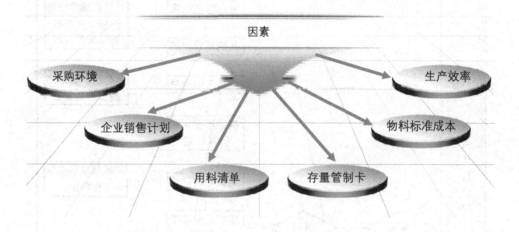

图2-19 影响采购预算的因素

2.3.2 步骤：采购预算的编制步骤

采购预算是指采购部门在一定计划期间（年度、季度或月度）编制的材料、物资等采购的用款计划，它是企业未来一定时期内经营决策的具体化、数量化的表现。

根据预算时间的长短，采购预算可分为一年期以上的长期预算和一年期以内的短期预算。根据所涉及的范围，可分为全面预算/总预算和分预算。

其中全面预算是关于企业在一定的时期内各项业务活动、财务表现等方面的总体预测。其根据内容又可分为财务预算、决策预算和业务预算等。

采购预算的编制步骤示意图如图2-20所示。

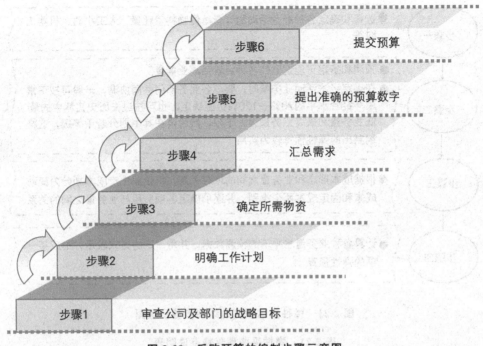

图 2-20　采购预算的编制步骤示意图

步骤6　提交预算

步骤5　提出准确的预算数字

步骤4　汇总需求

步骤3　确定所需物资

步骤2　明确工作计划

步骤1　审查公司及部门的战略目标

2.3.3　方法 1：弹性预算法

弹性预算是采购人员根据计划期间可能发生的各种业务，分别确定与各种业务量水平相适应的预算费用数额，从而形成适用于不同生产经营活动水平的一种费用预算。

2.3.3.1　采购弹性预算编制步骤

弹性采购预算的编制步骤示意图如图 2-21 所示。

2.3.3.2　采购弹性预算特点分析

采购弹性预算可以随着采购业务量的变化而反映各业务量水平下的支出控制数，弹性采购预算特点说明表如表 2-21 所示。

2.3.4　方法 2：概率预算法

2.3.4.1　概率预算的含义

概率预算，是指采购人员近似地判断出各种因素的变化趋势、范围和结果后，

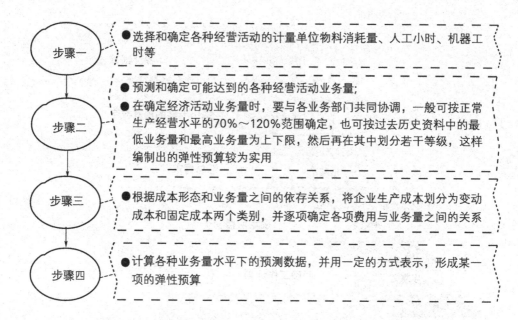

图 2-21　弹性采购预算的编制步骤示意图

步骤一	●选择和确定各种经营活动的计量单位物料消耗量、人工小时、机器工时等
步骤二	●预测和确定可能达到的各种经营活动业务量； ●在确定经济活动业务量时，要与各业务部门共同协调，一般可按正常生产经营水平的70%～120%范围确定，也可按过去历史资料中的最低业务量和最高业务量为上下限，然后再在其中划分若干等级，这样编制出的弹性预算较为实用
步骤三	●根据成本形态和业务量之间的依存关系，将企业生产成本划分为变动成本和固定成本两个类别，并逐项确定各项费用与业务量之间的关系
步骤四	●计算各种业务量水平下的预测数据，并用一定的方式表示，形成某一项的弹性预算

表 2-21　弹性采购预算特点说明表

项目	解释说明
特点	◎能提供一系列采购业务量的预算数据，当某一预算项目的实际业务量达到任何水平时(必须在选择的业务量范围之内)，都有其适用的一套控制标准； ◎分别列示出各项成本的形态，可以方便地计算出在任何实际业务量水平下的预测成本，为管理人员在事前据以严格控制费用开支、事后细致分析各项费用节约或超支的原因并及时解决问题提供方便
优势	◎能够适应不同采购业务及业务量的变化，扩大了预算的范围，避免了在实际情况发生变化时，对预算作频繁的修改； ◎能够使预算对实际执行情况的评价与考核建立在更加客观可比的基础上
试用范围	◎这种方法适用于各项随采购业务量变化而变化的采购支出的预算

对各种变化量进行调整，以计算其可能值的大小。概率预算须根据不同的情况来编制，大体上可分为如图 2-22 所示的两种情况。

2.3.4.2　采购概率预算编制步骤

采购概率预算编制过程体现了数学期望的求解过程，概率预算编制步骤如图 2-23 所示。

◎销售量的变动与成本的变动没有直接联系时，只要利用各自的概率分别计算销售收入、变动成本、固定成本的期望值，即可直接计算利润的期望值

◎销售量的变动与成本的变动直接联系，这时，需要用计算联合概率的方法来计算利润的期望值

图 2-22　概率预算说明图

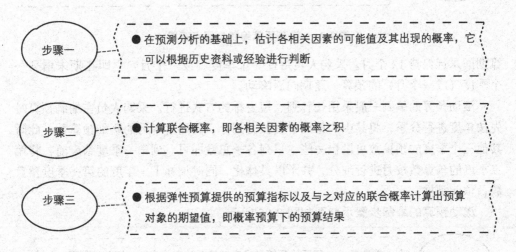

步骤一　● 在预测分析的基础上，估计各相关因素的可能值及其出现的概率，它可以根据历史资料或经验进行判断

步骤二　● 计算联合概率，即各相关因素的概率之积

步骤三　● 根据弹性预算提供的预算指标以及与之对应的联合概率计算出预算对象的期望值，即概率预算下的预算结果

图 2-23　概率预算编制步骤图

2.3.5　方法 3：零基预算法

零基预算是指采购人员在编制预算时，对所有的预算项目均以零为起点，不考虑以往实际情况，完全根据未来一定期间生产经营活动的需要和每项业务的急缓程度，从根本上来研究、分析每项预算是否有支出的必要和计算支出数额大小的一种预算编制方法。

零基预算编制步骤示意图如图 2-24 所示。

2.3.6　方法 4：滚动预算法

滚动预算又称连续预算或永续预算，它是指预算在执行过程中自动延伸，使预

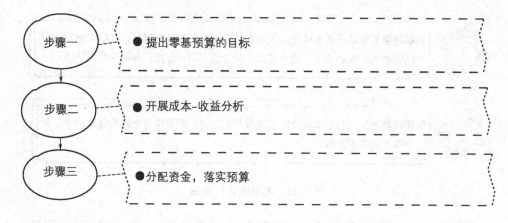

图 2-24 零基预算编制步骤示意图

算期间永远保持 12 个月。采购人员每过一个季度（或一个月）立即在期末增列一个季度（或一个月）的预算，逐期向后滚动。

滚动预算的编制一般采用长计划、短安排的方式进行。采购人员在编制预算时先按年度进行分季，将其中的第一季度按月划分，并建立各月的明细预算数。此时其他三个季度的预算数可以粗一些，只列各季总数即可。到第一季度结束前，将第二季度的预算数按月进行细分，并予以具体化，同时增补下一年度的第一季度预算数，依此类推。

滚动预算的编制步骤示意图如图 2-25 所示。

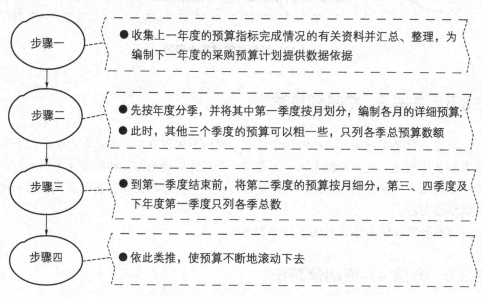

图 2-25 滚动预算的编制步骤示意图

2.3.7　流程：采购预算编制流程

采购预算编制流程如图 2-26 所示。

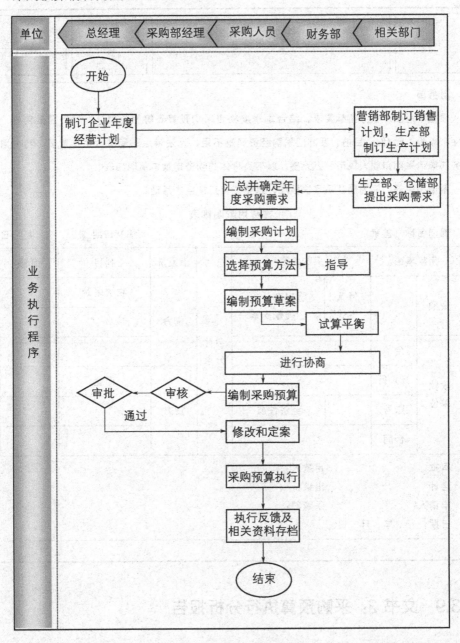

图 2-26　采购预算编制流程

2.3.8　文书 1：采购用款申请书

下面是一则采购用款申请书范例，仅供参考。

文书名称	采购用款申请书	编号	
		版本	

财务部：

　　根据本月生产任务指标要求，结合本季度物资采购预算表等相关信息，本月需要物资　　件，单价　　元/件。目前，我部门采购经费严重不足，无法满足车间基本生产需要，特向财务部申请采购用款人民币　　万元整，以下为具体的物资用款申请明细表。

　　希望相关部门领导确认后尽快核准，以免耽误正常生产活动。

物资用款明细表

部门名称（盖章）：　　　　　　　　　　　　　　　　　编制日期：　　年　月　日

用款事由		采购物资		借或贷	科目	金额
金额		付款方式	□现金 □转账支票	借方	物资采购	
收款单位	全称			会计分录		
	开户行				现金	
	账号	经济性质		贷方		
	合同					

审批：　　　　　　　　　　用款人：

会计：　　　　　　　　　　出纳：

申请人：　　　　　　　　　采购部：

日期：　　年　月　日

2.3.9　文书 2：采购预算执行分析报告

下面是一则采购预算执行分析报告的范例，仅供参考。

| 文书名称 | 采购预算执行分析报告 | 编号 | |
| | | 版本 | |

一、××企业年度采购预算

（一）原材料采购预算

××企业采购预算是根据供应商××有限公司在上一年度提供的各类物资的单价制订。为了统计上的方便，公司将安全库存以零库存的思想进行考虑。在零库存思想指导下，主要根据预计生产需要量制订出预计采购物资的数量。以下为提交给财务部的年度采购预算表。

原材料采购预算表

编号：　　　　　　　　　　　　　　　　　　　　　　填写日期：　　年　月　日

年度预算总额													
季度预算	第一季度			第二季度			第三季度			第四季度			备注
项目	1月	2月	3月	4月	5月	6月	7月	8月	9月	10月	11月	12月	累计
物资 A													
物资 B													
物资 C													

（二）设备采购预算

根据生产部生产规模的设定，采购部预期需要购买一些设备。设备预算是根据上一年的设备价格制作的。以下为设备采购预算表。

设备采购预算表

编号：　　　　　　　　　　　　　　　　　　　　　　填写日期：　　年　月　日

设备名称	预计采购量	设备单价	采购金额预算(万元)

二、××企业年度采购预算执行情况

（一）原材料预算执行情况

在上一年度，公司与供应商××有限公司签订了关于购买原材料的合同。以下是根据签订的采购合同所提供的数据。

（略）。

（二）设备预算执行情况

在上一年度中，公司与供应商××有限公司签订了购买××设备的合同，经过洽谈商定为一次性付款的方式购进。以下是根据签订的采购合同所提供的数据。

（略）。

三、采购预算执行总结

（一）原材料采购预算执行总结

（略）。

（二）设备采购预算执行总结

（略）。

第 3 章

供应商开发与管理

3.1 供应商开发

3.1.1 渠道：6种渠道

供应商信息收集是寻找供应商的第一步，供应商信息收集的渠道主要有 6 种，如图 3-1 所示，采购人员应根据企业现有供应商信息及企业性质等，选择合适的供应商信息收集的渠道。

利用现有供应商	◎采购人员可根据供应商档案，对现有供应商提供的物资的品质、交货准时性、价格合理性等进行考察，判断现有供应商是否能够满足企业采购需求；如现有供应商能够满足需求，则可选择现有供应商
公开征求方式	◎以公开招标的方式来寻找供应商，使符合资格的供应商均有参与投标的机会，公开征求具有公平、公正的特点
通过同业介绍	◎同行的采购人员之间可以联合采购或互通有无，采购人员若能广结善缘，同业必乐于提供供应商的名单，因为"于己无害，于人有利"，何乐而不为
专业刊物或网站	◎采购人员可从各种专业性的刊物或网站，获悉许多产品的供应商，也可以通过采购指南、工商名录、电话分类广告等，获得供应厂商的基本资料
行业公会或采购顾问公司	◎采购人员可以咨询拟购产品的行业公会，请其提供会员厂商名录；此外也可咨询采购专业顾问公司，特别是来源稀少或不易采购的物品，例如精密零件等
参加产品展览会	◎采购人员应参加有关行业的产品展览会，亲自收集适合的供应商资料，甚至当面洽谈

图 3-1 供应商信息收集渠道

3.1.2 要点：6大要点

3.1.2.1 市场调查

企业在开展供应商开发工作前，应对供应商市场进行调查。供应商市场调查的基本内容如图 3-2 所示。

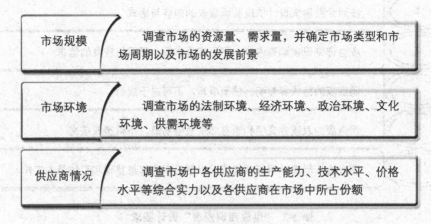

图 3-2 供应商市场调查的基本内容

3.1.2.2 编制开发计划

① 采购总监根据需求物资情况和年度采购计划的要求，以及通过市场调查所获得的初步了解，确定本时期供应商开发目标。

② 采购经理指导供应商主管按照开发目标，明确供应商筛选标准，制订供应商开发计划，经采购经理审核、采购总监审批通过后，作为供应商开发工作的指导文件。

3.1.2.3 收集供应商资料

供应商开发人员根据开发要求，通过各种渠道收集符合要求的供应商的基本信息，并向有合作意向的供应商发送"供应商调查表"，以收集供应商的具体资料。

"供应商调查表"主要包括基本信息、财务信息、采用的材料零件信息、质量验收与管理办法、采购合同信息、付款方式要求等。"供应商调查表"设计要求如图 3-3 所示。

3.1.2.4 供应商调查

供应商开发人员对反馈回来的供应商资料进行初步筛选，并在质量管理部、工艺技术部等部门相关人员的协助下，对供应商进行初步调查，了解供应商的全面、综合能力。供应商初步调查的内容如图 3-4 所示。

3.1.2.5 筛选合格的供应商

供应商主管根据调查结果和"供应商调查表"的信息资料，进行全面比较、分

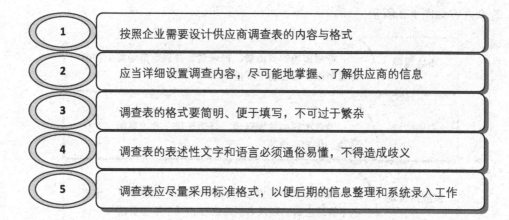

1	按照企业需要设计供应商调查表的内容与格式
2	应当详细设置调查内容，尽可能地掌握、了解供应商的信息
3	调查表的格式要简明、便于填写，不可过于繁杂
4	调查表的表述性文字和语言必须通俗易懂，不得造成歧义
5	调查表应尽量采用标准格式，以便后期的信息整理和系统录入工作

图 3-3　"供应商调查表"设计要求

现场考察	样品测试
组织相关人员对供应商进行实地考察，了解供应商的实际生产状况	通知供应商提供生产产品样品，并组织相关人员对样品进行质量分析

通过以上两项初步调查，结合对收集的供应商资料的分析，全面、综合考察供应商的经营管理、设备管理、人力资源开发、质量控制、成本控制、用户满意度和交货协议等各方面的实力，并对供应商做出具体、客观的评价

图 3-4　供应商初步调查的内容

析，对照供应商开发计划中的合格标准，客观、公正地筛选出合格供应商，并将筛选结果提交采购经理审核、采购总监审批。

3.1.2.6　编写开发报告

供应商主管将审批通过的合格供应商名单，依据资料收集和初步调查的结果充实供应商信息后，进行归档整理，并更新原有的"合格供应商列表"，编写供应商开发报告，对新供应商开发情况进行汇报，并分别针对优秀供应商、普通供应商、特殊供应商提供采购策略，经采购总监、采购经理审批通过后，作为后续供应商管理工作的依据。

3.1.3　工具：供应商调查表

供应商调查表如表 3-1 所示。

表 3-1　供应商调查表

供应商基本信息					
供应商全称				使用商标	
行业类别		业务性质		资本类型	
占地面积		厂房面积		企业负责人	
固定资产		年产值		销售额	
公司地址					

项目	调查项目内容	了解程度状况
材料零件确认	1. 您对本公司样品确认流程是否了解	□了解□不了解□请求当面沟通了解
	2. 您对本公司认定的材料交货依据的规格及样品是否了解	□了解□不了解□请求当面沟通了解
	3. 您对本公司认可的样品是否持保留意见,从而为后续品质管理提供依据	□有保留□未保留□请求当面沟通了解
质量验收管制	1. 您对本公司质检标准与方法是否了解	□了解□不了解□请求当面沟通了解
	2.	
采购合同	1. 贵公司目前的产品产量能够应付本公司的需求吗	□可以□不可以□需设法弥补
	2.	
付款流程	1. 您对本公司的付款条件、手续是否了解	□了解□不了解□请求当面沟通了解
	2.	
售后服务	1. 发生质量问题时,您一般主动与哪一部门或主管进行沟通	□质量管理部□技术部□采购部□总经理
	2.	
建议事项		

3.1.4　流程：供应商开发流程

供应商开发流程如图 3-5 所示。

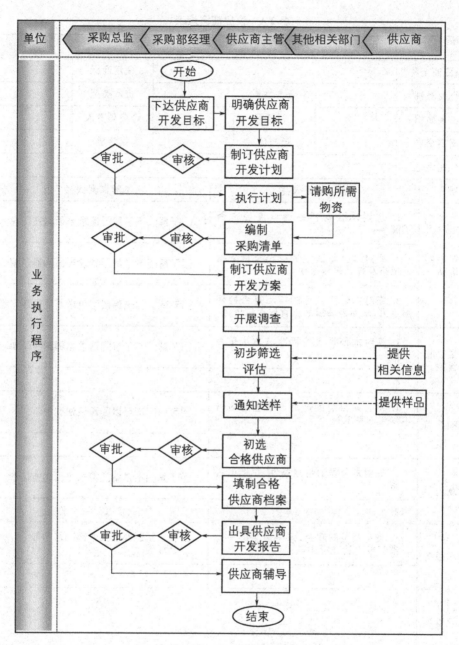

图 3-5 供应商开发流程

3.1.5 规范：供应商开发规范

下面是某企业制定的一则供应商开发规范，仅供参考。

制度名称	供应商开发规范	编号	
		版本	

第1章 总则

第1条 目的

为规范供应商开发流程，使之有章可循，提高供应商的数量和质量，结合工厂的实际情况，特制定本规范。

第2条 适用范围

本企业新供应商的开发工作，除另有规定外，悉依本规范执行。

第3条 权责

1. 采购部是供应商开发的归口管理部门，负责供应商的开发、评估等各项工作。

2. 工艺技术部、质量管理部负责供应商样品的测试与评估。

3. 采购部、质量管理部、工艺技术部、生产部等组成供应商调查小组，负责供应商的调查评核。

第2章 供应商资料收集

第4条 工厂对新供应商信息的采集一般有以下10种途径。

1. 各种采购指南。

2. 新闻传播媒体，如电视、广播、报纸等。

3. 各种产品发布会。

4. 各类产品展示（销）会。

5. 行业协会。

6. 行业或政府的统计调查报告或刊物。

7. 同行或供应商介绍。

8. 公开征询。

9. 供应商主动联络。

10. 其他途径。

第5条 工厂通过对供应商信息的采集与分析，主要调查供应商以下9个方面的内容。

1. 财务能力调查。

2. 生产设施调查。

3. 生产能力调查。

4. 成本调查与分析。

5. 管理能力调查。

6. 质量体系调查。

7. 态度调查。

8. 绩效评估。

9. 销售战略调查。

第6条 采购专员向供应商发出"供应商调查表"，由供应商填写后收回进行分析，"供应商调查表"如下所示。

供应商调查表

公司名称	中文	
	英文	

电话		传真		
E-mail		网址		
公司地址				
工厂地址				
营业执照号码		注册资金		
年营业额		法人代表		
业务负责人		联系电话		
厂房面积		员工人数		
管理人员		技术人员		
先进管理方法				
材料来源		品管状况		
主要产品		主要客户		
备注				

第3章　供应商筛选评估

第7条　采购部在收到供应商提供的资料后，对其进行筛选评估，初步筛选应考虑的内容如下。

1. 供应商是否生产工厂所需要采购的物资。

2. 供应商的质量水平是否接近工厂对采购物资的质量要求。

3. 供应商的生产能力、供货水平是否符合工厂的要求。

4. 供应商规模大小、财务能力等。

5. 供应商的销售策略、企业文化等。

第8条　采购部开始与初步筛选后的供应商进行接洽，详细了解供应商的实际情况，如质量、服务、交货期、价格等。

第9条　根据所采购物资对产品质量的影响程序，工厂将采购的物资分为关键、重要、普通物资3个级别，不同级别物资实行不同的控制等级。

第10条　采购部组织建立供应商评审小组，对初步筛选后的供应商进行评审，小组成员包括质量管理部、工艺技术部、生产部等相关部门人员。

第11条　对于提供关键与重要材料的供应商，在采购部与供应商协商沟通后，供应商评审小组到供应商生产工厂进行实地考察，判断其是否符合工厂的采购需求，并由采购部填写"供应商现场评审表"，质量管理部、设计部签署意见，供应商现场评审的合格分数需达70分及以上。

第12条　对于普通物资的供应商，无需进行实地考察。

第13条　采购部负责与现场实地评审合格的关键、重要材料的供应商和普通物资供应商签订"供应商质量保证协议"，"供应商质量保证协议"一式两份，双方各执一份，作为供应商提供合格物资的一种契约。

第14条　必要时，工厂需向供应商提出样品需求，由采购部采购人员通知供应商送交样品，质量管理部相关人员需对样品提出详细的技术质量要求，如品名、规格、包装方式等。

第15条　样品应为供应商正常生产情况下的代表性产品，数量应多于两件。

第16条　样品的质检。

1. 样品在送达工厂后，由工艺技术部、质量管理部完成样品的材质、性能、尺寸、外观质量等方面的检验，并填写"样品检验确认表"。

2. 经确认合格的样品，检验人员需在样品上贴"样品"标签，并注明合格，标识检验状态。

3. 合格的样品至少为两件：一件返还供应商，为供应商进行生产的依据；一件留在质量管理部作为今后检验的依据。

第4章　合格供应商管理

第17条　在"供应商基本资料表""供应商现场评审表""供应商质量保证协议"和"样件检验确认表"四份资料完成后，采购部将供应商列入"合格供应商名单"，交公司总经理批准。

第18条　一种材料需两家或两家以上的合格供应商，以供采购时选择。

第19条　对于唯一供应商或独占市场的供应商，可直接列入"合格供应商名单"。

第20条　工厂接单生产时，如果客户指定供应商名单，采购部采购人员需按客户提供的供应商名单进行采购，如需从非客户提供的供应商处采购时，必须事先得到客户的书面批准。

第21条　"合格供应商名单"在每次的供应商考核结果得出后进行修订，删除不合格供应商，修订后的"合格供应商名单"由总经理批准生效。

第22条　合格供应商的标准如下。

1. 供应商应有合法的经营许可证，应有必要的资金能力。

2. 优先选择按国家（国际）标准建立质量体系并已通过认证的供应商。

3. 对于关键物资，供应商的生产能力与质量保证体系应满足下列 5 个方面的要求。

(1) 进料的检验是否严格。

(2) 生产过程的质量保证体系是否完善。

(3) 出厂的检验是否符合我方要求。

(4) 生产的配套设施、生产环境、生产设备是否完好。

(5) 考察供应商的历史业绩及主要客户，其产品质量应长期稳定、合格、信誉较高，主要客户最好是知名的大型企业。

4. 具有足够的生产能力，能满足连续需求及进一步扩大产量的需要。

5. 能有效处理紧急订单。

6. 有具体的售后服务措施，且令人满意。

7. 同等价格择其优，同等质量择其廉，同价同质择其近。

8. 样品通过试用且合格。

第 5 章　附则

第 23 条　本规范由公司采购部制定与解释。

第 24 条　本规范经公司总经理审批通过后自发布之日起执行。

编制日期		审核日期		批准日期	
修改标记		修改处数		修改日期	

3.2　供应商评选

3.2.1　内容：5 项内容

供应商评审，是指对企业现有供应商进行考评及年度质量体系审核，对供应商进行评审是企业管理供应商的重要内容之一，它是在供应商选择后对可能发展的供应商进行审核的过程。

供应商评审的主要内容如图 3-6 所示。

3.2.2　标准：4 大标准

3.2.2.1　质量标准

物资采购之前，首先需要对产品质量标准有明确的认识，把好供应商的产品质量水平关，是采购工作的重要内容之一。

供应商的技术规范是对物料质量的一项标准，也是选择供应商的重要依据，当供应商生产技术规范与采购企业标准存在差异时，采购员可向供应商提出合理改动，以满足采购需求。

在选择供应商时，应从以下 4 个方面考察供应商的质量状况是否符合标准。

① 供应商是否具备完善的硬件标准，厂房建设是否达标，设备是否具备先进性、生产的配套设施是否完善。

② 供应商是否通过了权威的质量体系认证。

③ 供应商以往的供货情况、供应商质量合格率是否符合相关的国家标准、行业标准以及本企业的质量管理标准。

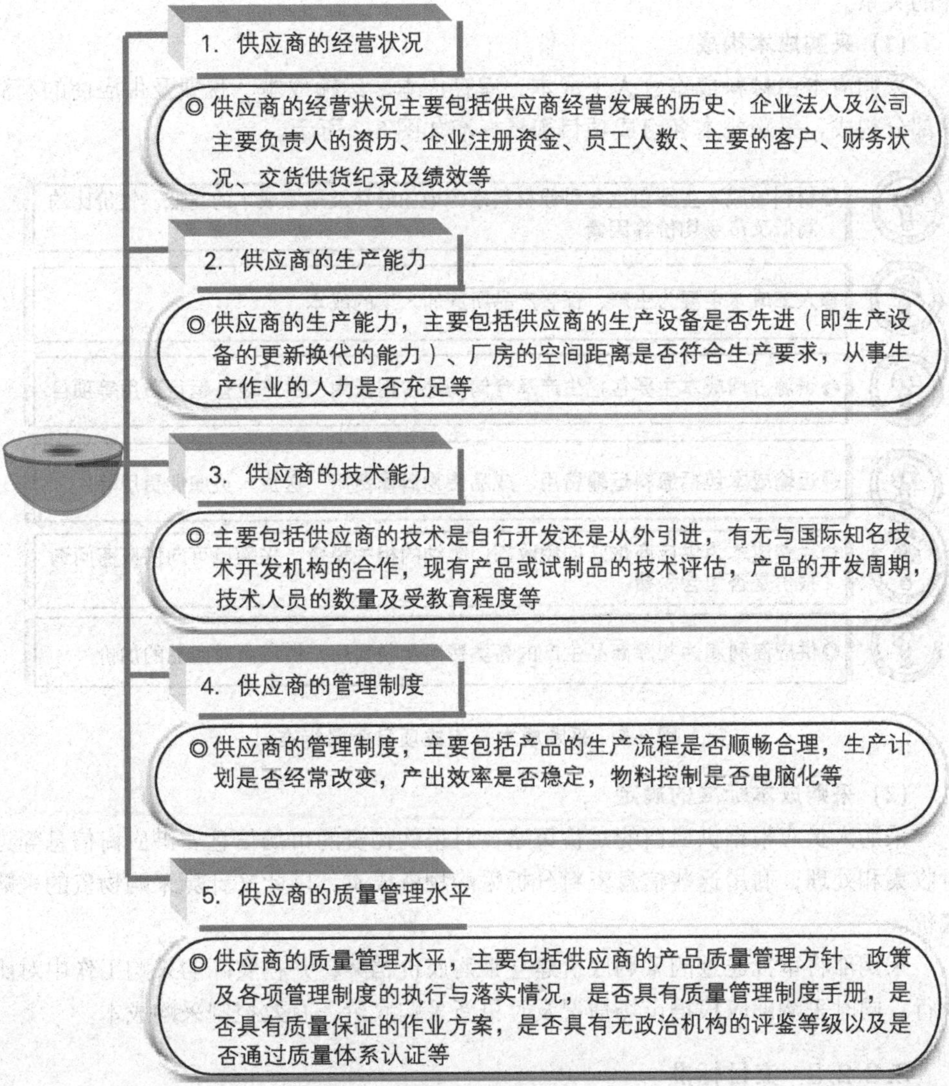

1. 供应商的经营状况

◎ 供应商的经营状况主要包括供应商经营发展的历史、企业法人及公司主要负责人的资历、企业注册资金、员工人数、主要的客户、财务状况、交货供货纪录及绩效等

2. 供应商的生产能力

◎ 供应商的生产能力，主要包括供应商的生产设备是否先进（即生产设备的更新换代的能力）、厂房的空间距离是否符合生产要求，从事生产作业的人力是否充足等

3. 供应商的技术能力

◎ 主要包括供应商的技术是自行开发还是从外引进，有无与国际知名技术开发机构的合作，现有产品或试制品的技术评估，产品的开发周期，技术人员的数量及受教育程度等

4. 供应商的管理制度

◎供应商的管理制度，主要包括产品的生产流程是否顺畅合理，生产计划是否经常改变，产出效率是否稳定，物料控制是否电脑化等

5. 供应商的质量管理水平

◎供应商的质量管理水平，主要包括供应商的产品质量管理方针、政策及各项管理制度的执行与落实情况，是否具有质量管理制度手册，是否具有质量保证的作业方案，是否具有无政治机构的评鉴等级以及是否通过质量体系认证等

图 3-6　供应商评审的主要内容

④ 供应商是否保存有完善的质量标准、作业指导书、制程质量文件、质量记录等体系文件。

3.2.2.2　成本标准

降低采购成本对于企业降低生产经营的成本、提高竞争力、增加企业利润有明显的作用。但若采购成本过低，往往会使供应商在物资质量或交货时间上达不到企业的标准和要求，因此，采购员要对采购成本进行估算，确定采购成本与供应商选择的关系。

（1）采购成本构成

采购成本由材料成本、人工成本、库存成本、运输成本、税费及供应商的利润等部分构成，采购成本各组成项目衡量标准如图 3-7 所示。

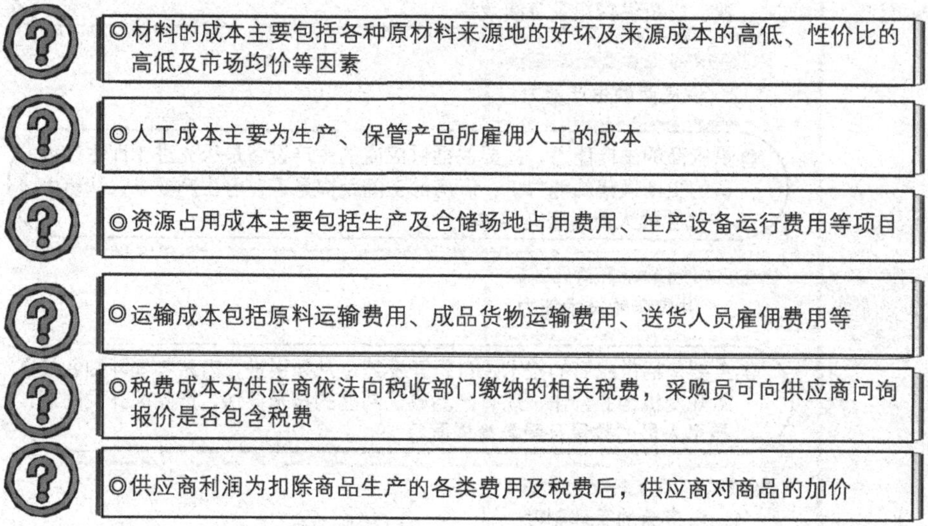

◎材料的成本主要包括各种原材料来源地的好坏及来源成本的高低、性价比的高低及市场均价等因素

◎人工成本主要为生产、保管产品所雇佣人工的成本

◎资源占用成本主要包括生产及仓储场地占用费用、生产设备运行费用等项目

◎运输成本包括原料运输费用、成品货物运输费用、送货人员雇佣费用等

◎税费成本为供应商依法向税收部门缴纳的相关税费，采购员可向供应商问询报价是否包含税费

◎供应商利润为扣除商品生产的各类费用及税费后，供应商对商品的加价

图 3-7 采购成本各组成项目衡量标准

（2）采购成本标准的确定

采购人员应根据供应商的定价策略，对采购物资的市场信息、供应商信息等进行收集和处理，利用这些信息资料分析采购物资成本，以此来计算采购物资的采购底价。

采购部将审批通过的采购底价建立采购底价档案，并在实际的采购工作中对比执行。同时采购部应根据市场情况及时更新采购底价，有效控制采购成本。

3.2.2.3 交付标准

供应商能否按照约定的物资交付期限和条件组织供货，直接影响企业经营活动的连续性，因此，采购员要对供应商的交付标准进行明确。

（1）交付水平的影响因素

在选择供应商前，采购员应了解供应商交付水平的影响因素。交付水平的影响因素如图 3-8 所示。

（2）交付标准确定

了解影响供应商交付水平的因素后，采购员确定供应商交付标准，交付标准说明图如图 3-9 所示。

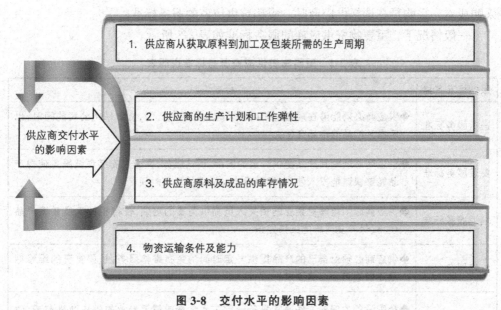

图 3-8 交付水平的影响因素

1. 供应商从获取原料到加工及包装所需的生产周期

供应商交付水平的影响因素

2. 供应商的生产计划和工作弹性

3. 供应商原料及成品的库存情况

4. 物资运输条件及能力

1 交期标准

◎ 供应商必须在合同规定的期限内交付产品，不能按时交付的需对企业做出赔偿

2 交货标准

◎ 供应商必须将企业订购的物资按照规定的交货方式，运送到指定的交付地点

3 运输标准

◎ 供应商必须能够按照企业及合同规定的运输方式进行送货

付款标准

◎ 供应商应当能够接受企业规定的采购付款方式，并按照企业规定留有一定的尾款或质量保证金

图 3-9 交付标准说明图

3.2.2.4 服务标准

服务标准是选择供应商的一个重要条件。通常在采购时，企业要求供应商提供送货、安装、培训、维修、保养、升级及技术支持等服务要求，以进一步降低企业

采购成本。采购员在选择供应商时，应确定供应商的服务标准。

一般情况下，重要物资供应商的服务标准如表3-2所示。

表3-2　重要物资供应商服务标准说明表

服务标准名称	标准说明
送货服务标准	◆供应商必须能够在规定时间内将采购物品送货上门，方便采购公司的同时，也能提升产品的市场竞争力
安装服务标准	◆供应商必须对其产品提供一定的安装、调试服务，并通过安装调试服务使得产品能够快速地投入使用，缩短投产及后续的运营时间
培训服务标准	◆供应商必须能够对企业的相关人员提供免费的培训，使得相关人员掌握产品使用、保养及简单的维修知识
维修服务	◆供应商必须对自己的产品提供一定时间的免费维修服务，重要物资的维修期限还需达到企业的要求
保养服务	◆精密设备的保养工作通常具备一定技术含量或需要专业的供应商来完成，供应商应能够对自己的产品提供日常的保养服务，必要时可以收取一定的保养费用
技术支持	◆供应商必须能够对所提供的产品进行一定的技术支持，在产品售出前、后，为企业提供技术咨询及支持活动，并能够不断改进技术水平

3.2.3　方法1：直观选择法

直观选择法是根据询问和调查所得的材料，对供应商进行分析判断、对比的一种方法。其主要是根据采购人员对供应商的产品质量、价格、使用寿命、售后服务等几个评价指标的认知程度，或者是企业挑选其中的几个重要的指标来进行初步评审，然后选择其中口碑较好的供应商的名单，组织召开评审会，然后进行综合的复审，通过复审的综合结果来确定最佳的供应商。

3.2.3.1　适用对象

直观选择法用于对供应商比较熟悉，合作时间长，以往的信誉较好的老供应商的确定或用于需求量少的辅助材料的供应商的选择。

3.2.3.2　不足之处

直观选择法这种方法的主观因素较多，是一种定性为主的选择供应商的方法。

3.2.4　方法2：考核选择法

考核选择法是在对供应商进行充分调查了解的基础上，再进行详细考核、分析比较然后选择供应商的方法。供应商的调查可以分为初步供应商调查和深入供应商调查。

3.2.4.1　初步供应商调查对象的选择

初步供应商调查对象的选择的基本依据就是供应商产品的类型、规格、质量、价格、生产水平、运输技术等。在这些条件合适的供应商中选择几个，就是初步供应商调查的对象。

3.2.4.2　深入供应商调查对象的选择

深入供应商调查对象的选择是基于影响企业的关键产品、重要产品的供应商，对这些供应商要进行深入的研究考察，主要是依据企业的实力、质量保障体系、管理水平、产品的生产能力和技术水平等为选择标准。在对各个评价指标进行考核评估之后，还要进行综合评估。

通过这两个阶段的考核，得出各个供应商的综合成绩后，基本上可以确定最合适的供应商了。

3.2.5　方法3：层次分析法

层次分析法，是指将与决策总是有关的元素分解成目标、准则、方案等层次，在此基础上进行定性和定量分析的决策方法。

层次分析法根据问题的性质和要达到的总目标，将问题分解为不同的组成要素，并按照要素间的相互关系以及从属关系将要素按不同层次聚合，形成一个多层次的分析结构模型，从而使问题归结为最低层（供决策的方案、措施等）相对于最高层（总目标）的相对重要权值的确定或相对优劣次序的排定。该方法的操作步骤如下。

3.2.5.1　建立层次结构模型

将决策的目标、考虑的因素和决策对象按它们之间的相互关系分为最高层、中间层和最低层，绘出层次结构图。

最高层是指决策的目标、要解决的问题。最低层是指决策时的方案。中间层是指考虑的因素、决策的准则。对于相邻的两层，称高层为目标层，低层为方案层。

如果上一层的每个因素都影响着下一层的所有因素，或者被下一层的所有因素影响，那么该层次就称为完全层次结构，否则称为不完全层次结构。

3.2.5.2 构造判断成对比较矩阵

在确定各层次各因素之间的权重时，如果只是定性的结果，则不容易被别人接受。

如对某一准则，对其下的各因素进行两两对比，并按其重要性程度评定等级。由此得出的结果会具有较强的客观性。评定前需先对其标度的判断标准进行界定。比例标度表如表 3-3 所示。

表 3-3　比例标度表

标度	标度的量化值
同等重要	1
稍微重要	3
很重要	5
极为重要	7
两相邻判断中间状态对应的标度值	2、4、6

3.2.5.3 层次单排序及其一致性检验

对应于判断矩阵最大特征根 λ_{max} 的特征向量，经归一化（使向量中各元素之和等于 1）后记为 W。W 的元素为同一层次因素对于上一层次因素某因素相对重要性的排序权值，这一过程称为层次单排序。能否确认层次单排序，则需要进行一致性检验。

3.2.5.4 层次总排序

计算某一层次所有因素对于最高层相对重要性的权值，称为层次总排序。这一过程是从最高层次到最低层次依次进行的。

3.2.6 流程：供应商评选流程

供应商评选流程如图 3-10 所示。

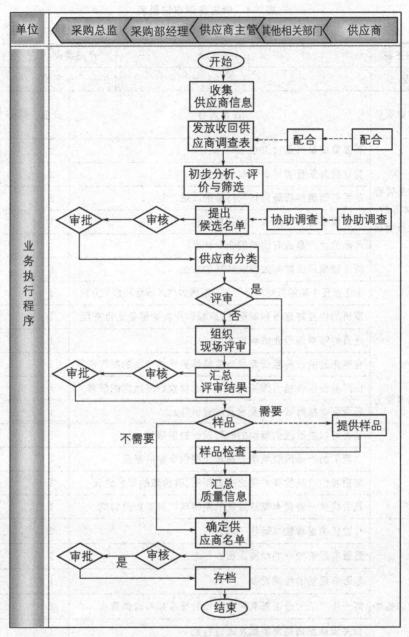

图 3-10　供应商评选流程

3.2.7　工具：供应商评审记录表

供应商评审记录表如表 3-4 所示。

表 3-4 供应商评审记录表

编号： 日期： 年 月 日

供应商名称				产品类别		
地址				供应产品名称		
序号	评审项目	评审内容		分值	得分	评审部门
1	质量管理体系的运行情况	质量管理是否通过 ISO 9000 认证		2		
		管理层对质量管理是否有足够重视		2		
		是否有明确的质量目标和持续的改进计划		2		
		是否能在合理时间内进行质量分析		1		
		产品的生产是否有明确的企业标准		1		
		纠正措施是否能有效预防缺陷的发生		2		
2	技术能力	加工过程中用的原材料是否具有明确的技术标准和检测方法		1		
		原料的供应商是否相对稳定,原料供应商的储备是否充足		1		
		是否能够掌握行业的新技术		1		
		有些先进的设备能否满足一些特殊要求的产品的制作需要		1		
		出厂报告能否包含相关产品的技术参数标准所含的信息		1		
		是否可以按照我们的要求及时提供样品		1		
		是否可以按照我们提供的材料及时提供报价		1		
		对我们的产品风险规避方面是否提供专业的意见		1		
		根据我们产品的要求是否提供新的、有价值的工艺建议		1		
		是否提供一些具有特殊性能的新材料以及新颖的结构		1		
3	检验机构	检验机构是否独立运作		2		
		是否有足够独立的检验人员		2		
		是否有足够的检测设备		1		
		每一生产工艺是否都有明确的检验标准和检验负责人		2		
		有关质量反馈是否能触发改进行动		1		
		操作人员是否参与持续质量改进		1		
		有关检验设备是否定期由专门机构校验		1		
4	作业检验文件	是否有明确的原料、材料出入库检验标准		2		
		原料、材料、产品的出入库是否有记录		2		

供应商名称				产品类别		
地址				供应产品名称		
序号	评审项目	评审内容	分值	得分		评审部门
4	作业检验文件	每一工艺或工序是否有详细的作业指导书	2			
		生产过程是否有详细的质量检验记录	2			
		相关操作人员是否有培训记录和上岗资质	2			
5	不合格产品	不合格品是否有明确的处理程序	4			
		采购或生产过程中的不合格品是否分开存放	4			
		采购或生产过程中的不合格品是否有处理记录	2			
6	生产设备及维护	设备使用年限	1.5			
		设备管理制度及其执行情况	2.5			
		设备运行状况	2.5			
		设备维护保养状况	2			
		设备设计制造质量	1.5			
7	生产现场管理情况	车间人员工服,违规行为以及员工精神面貌情况	4			
		车间现场物料摆放、标识情况,人流物流的整体情况	3			
		机器设备情况	2			
		工作环境以及工作秩序情况	4			
		各种备用工具的摆放、标识以及工具清洁情况	2			
		生产过程有无完善控制方法以及过程控制记录	5			
8	仓储条件	有足够仓库储存货物	4			
		所有材料堆在垫板上	2			
		仓库贮存区内留有合理的通道	2			
		仓库贮存区内未有昆虫、鼠类	2			
9	供应商现场评估技术能力	管理技术人员文化水平	2			
		生产人员文化水平	2			
		样品制作达标水平	2			
		技术标准制作水平	2			
		生产设备配备先进性	2			
总分			100			—

供应商名称				产品类别		
地址				供应产品名称		
序号	评审项目	评审内容		分值	得分	评审部门
等级		A( )	B( )	C( )		D( )
分数		得分≥90分（优秀）	90＞得分≥80分(合格)	80＞得分≥70分(试用)		得分＜70分(不合格)
总体评价				评审小组		

3.3　供应商考核

3.3.1　内容：6项内容

供应商的考核内容包括6个方面，如表3-5所示。

表3-5　供应商考核内容一览表

评估参数	考核内容
履约情况	◆供应商与企业合作过程中的履约状况； ◆在合作过程中是否有违约行为
价格	◆是否按照采购合同规定价格进行供货
	◆是否根据市场价的变化而调整价格并及时提供调整信息
	◆所提供物资的价格是否高于同品牌、同型号产品的一般价格
	◆价格是否有下降空间
交货	◆是否按照合同内所规定的日期准时交付产品或提供物资
	◆是否按照合同所规定的交付方式进行交付
质量	◆物资或产品是否符合合同所规定的质量标准
	◆是否存在因包装、工艺、材料的缺陷产生的质量问题
	◆生产工艺质量是否能够保证产品或物资质量

评估参数	考核内容
服务	◆售前服务是否周到、全面
	◆售后服务是否及时、良好，出现问题时是否能够及时处理并加以解决
其他	◆对供应商的生产技术、人员操作等方面进行考核

3.3.2 指标：4大维度

要对供应商做出系统全面的评价，就必须有一套完整、科学、全面的综合评价指标体系。供应商考核指标示例如图 3-11 所示。

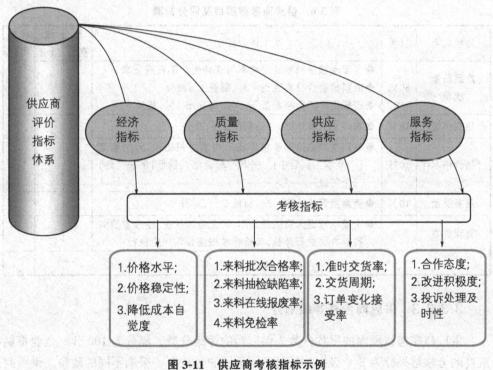

图 3-11 供应商考核指标示例

3.3.3 要点：4大要点

3.3.3.1 考核工作安排

供应商考核工作的频率及实施办法如下所示。

① 关键、重要材料的供应商每月考核 1 次，普通材料的供应商每季度考核 1 次。

② 所有供应商半年进行 1 次总评，评价供应商在该期间的综合表现，作为奖惩的依据。

③ 每年应对合格供应商进行 1 次复查，复查流程与供应商调查与选择相同。当供应商在重大品质、交货日期、价格、服务等方面出现问题时，可以随时进行供应商复查。

3.3.3.2 供应商评分细则

对供应商的考核由采购部实施，一般情况下，主要从产品质量状况、产品交付情况、产品价格水平、服务质量与管理能力等 5 个方面进行。供应商考核项目及评分标准如表 3-6 所示。

表 3-6 供应商考核项目及评分标准

考核内容	权重	评分标准	最高分	最低分	考核得分
产品质量状况	60%	◆主要考核进料检验合格率与现场生产不良退货率； ◆进料检验合格率达到　%，每低 1% 减分　； ◆现场生产不合格率低于　%，每高出 1%，减分			
产品交付情况	15%	◆准时交货率达到　%，每低 1%，减分			
产品价格水平	10%	◆与同类产品采购价格市场平均水平相比较，分为偏高（　分以上）、居中（　分与　分之间）、偏低（低于　分）三个等级			
服务质量	10%	◆满意度评价达到　分，每低 5 分，减分			
管理能力	5%	◆主要从管理人员的流动率、员工培训状况、企业发展前景等方面进行考核，考核标准根据公司规定执行			
合计					

3.3.3.3 供应商考核等级划分

供应商在考核期内的平均分数为供应商的评级分数，满分为 100 分。企业将供应商的考核结果分为 5 个级别，针对不同级别的供应商，采取不同的政策。供应商等级划分及对应政策如表 3-7 所示。

3.3.3.4 供应商考核工作纪律

① 考核周期内，供应商管理人员需对所辖供应商进行公平、公开、公正的考核。

② 考核过程中，由各相关部门按照供应商考核表上所述项目对供应商进行打分，并将打分结果传递至供应商管理人员。

表 3-7　供应商等级划分及对应政策

考核得分	分级	结果运用
90～100 分	A 级	◆优先采购
80～89 分	B 级	◆继续合作,但要求对其不足之处予以改善
70～79 分	C 级	◆要求对其不足之处予以改善,根据改善后的结果决定是否对其进行采购、减少采购或是其他
60～69 分	D 级	◆暂停或减少对其的采购数量,并通知供应商提高供货能力,改进供货工作
60 分以下	E 级	◆不合格供应商,予以淘汰,若再向本企业供货,需通过供应商调查评估

③ 供应商管理人员将各项考核结果进行加总,根据加总结果确定供应商分级。

3.3.4　策略:2 大措施

根据供应商考核的结果,对其不足之处,企业可从其质量、成本、交货、服务等 4 个方面督促供应商改善。考核问题的处理如表 3-8 所示。

表 3-8　考核问题的处理

措施	具体处理方法
督促供应商改善	定期或不定期检查
	对供应商进行技术辅导
采购策略调整	减少订单
	暂停采购
	终止采购
	发展新供应商

3.4　供应商关系维护

3.4.1　要点:4 大实施要点

3.4.1.1　定期有效沟通

供应商主管根据供应商考核分级结果,拟订相应级别的供应商沟通方案,确定沟通频次、沟通内容、沟通方式等，提交采购总监审批通过后，依照该方案针对不同级别的供应商，分别进行定期有效沟通。供应商沟通的主要内容如图 3-12 所示。

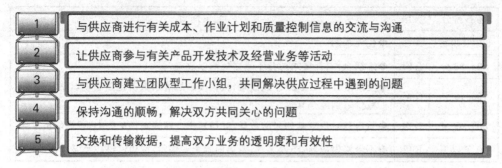

1 与供应商进行有关成本、作业计划和质量控制信息的交流与沟通

2 让供应商参与有关产品开发技术及经营业务等活动

3 与供应商建立团队型工作小组，共同解决供应过程中遇到的问题

4 保持沟通的顺畅，解决双方共同关心的问题

5 交换和传输数据，提高双方业务的透明度和有效性

图 3-12　供应商沟通的主要内容

3.4.1.2　及时解决冲突

对于沟通中发现的冲突问题，供应商主管应及时组织相关人员进行调查分析，提出有效、合理的解决方案，经采购总监审批通过后，依照该方案及时处理、解决问题，同时，总结原因，防范类似问题的再度出现。

3.4.1.3　维护良好关系

除了发现并解决冲突外，采购部应积极开展供应商的培训工作，这样不仅可以提高供应商的供货质量，保障企业的物资需求得到较好的满足，还能与供应商实现共担风险、共享利益的长期合作伙伴关系。建立长期合作伙伴关系，对于企业和供应商而言都有重要意义。企业与供应商建立长期合作伙伴关系的重要意义如图 3-13所示。

3.4.1.4　工作总结与改进

采购部对供应商关系维护工作进行定期的总结分析，从中发现不足之处，并制订具体的改进方案，以改善下一时期的供应商关系维护工作。

3.4.2　措施：有效激励

要保持长期合作的供需合作伙伴关系，采购人员需要建立一套有效的供应商激励机制与扶持计划，促进供应商提升业绩，以促进双方合作关系的发展。

3.4.2.1　明确供应商激励方式

供应商激励方式主要有价格激励、订单激励、商誉激励、信息激励、淘汰激

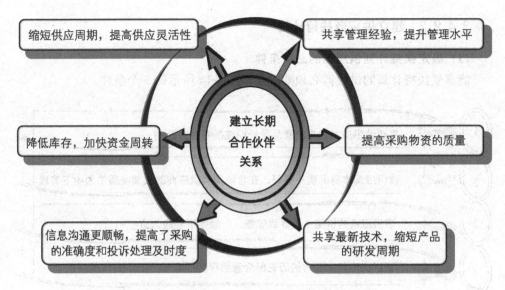

图 3-13　与供应商建立长期合作伙伴关系的重要意义

励、新产品或新技术的共同开发和组织激励，激励供应商的 7 种方式如表 3-9
所示。

表 3-9　激励供应商的 7 种方式

激励方式	相关说明
价格激励	价格对企业的激励是显然的。高的价格能增强企业的积极性,不合理的低价会挫伤企业的积极性。供应链利润的合理分配有利于供应链企业间的稳定和运行的顺畅
订单激励	多个供应商的竞争来自制造商的订单,多的订单对供应商来说是一种激励
商誉激励	商誉是一个企业的无形资产,对于企业极其重要。商誉来自供应链内其他企业的评价和在公众中的声誉,反映企业的社会地位
信息激励	在信息时代里,信息对企业而言意味着生存。企业获得更多的信息意味着企业拥有更多的机会、更多的资源,从而获得激励
淘汰激励	对于优秀的供应商来讲,淘汰弱者使其获得更优秀的业绩;对于业绩较差者,为避免淘汰的危险,更需要改进自身的绩效
新产品或新技术的共同开发	它可以让供应商全面掌握新产品的开发信息,有利于新技术在供应链企业中的推广和开拓供应商的市场
组织激励	在一个较好的供应链环境下,企业之间合作愉快,供应链的运作也通畅,并与之保持长期稳定的合作关系是企业使用组织激励的主要措施

3.4.2.2 建立供应商扶持计划

（1）确定扶持计划供应商的必须条件

能享受扶持计划的供应商必须同时具备图 3-14 所示的 5 个条件。

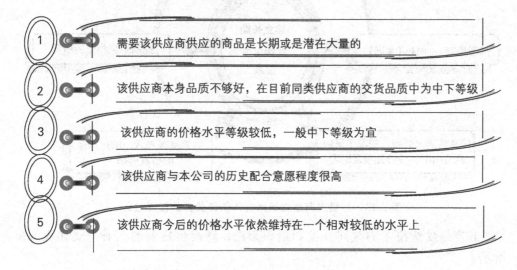

1	需要该供应商供应的商品是长期或是潜在大量的
2	该供应商本身品质不够好，在目前同类供应商的交货品质中为中下等级
3	该供应商的价格水平等级较低，一般中下等级为宜
4	该供应商与本公司的历史配合意愿程度很高
5	该供应商今后的价格水平依然维持在一个相对较低的水平上

图 3-14　能享受扶持计划的供应商必须同时具备的 5 个条件

（2）确定扶持计划的启动时机

采购人员一般在表 3-10 所示的 4 种情况下启动对于供应商的扶持计划。

表 3-10　启动供应商扶持计划的 4 个时机

序号	时机	作用
1	为使企业产品走向更高端位置，计划在品质上有较大的提升时	使供应商更好地配合产品品质提升工作
2	在做策略转移为降低成本使用扶持计划时	增强供应商的合作积极性
3	已拥有一批低价、低品质的供应商，并且这些供应商都有长期配合的强烈愿望和基本条件时	保证与供应商更好的合作
4	一批长期配合且配合较好的供应商在近一段时期内品质有大幅下降时	改善供应商的管理体系

（3）启动供应商扶持计划

采购人员确定供应商符合扶持计划的必须条件，并达到启动时机，就需要开展供应商扶持计划。供应商扶持计划启动程序如图 3-15 所示。

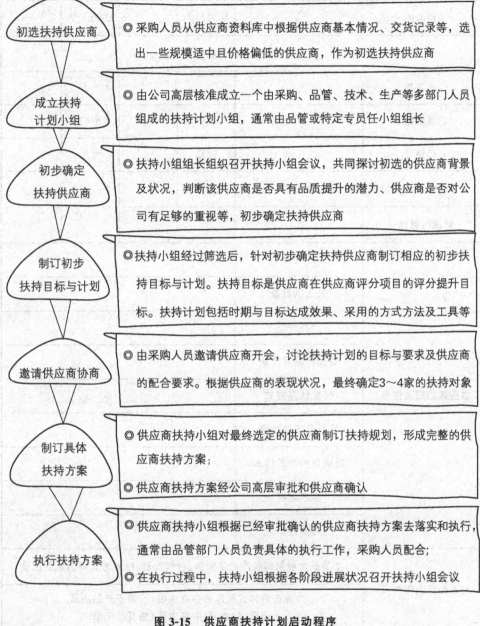

初选扶持供应商 —— ◎ 采购人员从供应商资料库中根据供应商基本情况、交货记录等，选出一些规模适中且价格偏低的供应商，作为初选扶持供应商

成立扶持计划小组 —— ◎ 由公司高层核准成立一个由采购、品管、技术、生产等多部门人员组成的扶持计划小组，通常由品管或特定专员任小组组长

初步确定扶持供应商 —— ◎ 扶持小组组长组织召开扶持小组会议，共同探讨初选的供应商背景及状况，判断该供应商是否具有品质提升的潜力、供应商是否对公司有足够的重视等，初步确定扶持供应商

制订初步扶持目标与计划 —— ◎ 扶持小组经过筛选后，针对初步确定扶持供应商制订相应的初步扶持目标与计划。扶持目标是供应商在供应商评分项目的评分提升目标。扶持计划包括时期与目标达成效果、采用的方式方法及工具等

邀请供应商协商 —— ◎ 由采购人员邀请供应商开会，讨论扶持计划的目标与要求及供应商的配合要求。根据供应商的表现状况，最终确定3～4家的扶持对象

制订具体扶持方案 —— ◎ 供应商扶持小组对最终选定的供应商制订扶持规划，形成完整的供应商扶持方案；
◎ 供应商扶持方案经公司高层审批和供应商确认

执行扶持方案 —— ◎ 供应商扶持小组根据已经审批确认的供应商扶持方案去落实和执行，通常由品管部门人员负责具体的执行工作，采购人员配合；
◎ 在执行过程中，扶持小组根据各阶段进展状况召开扶持小组会议

图 3-15 供应商扶持计划启动程序

3.4.3 工具：供应商访谈记录表

供应商访谈记录表如表 3-11 所示。

表 3-11　供应商访谈记录表

访谈时间		结束时间	访谈人员	
供应商具体资料				
公司名称				
访谈对象		职务	部门	
电话		邮箱	地址	
供应商类型(私营、合营、外资)				
访谈的目标				
供应商的相关信息	工厂的面积			
	员工的数量			
	产品类型			
	各项产品月产量			
	付款结算方式			
	可否开票及税率			
	提供何种产品样本			
	生产流程			
	产品报价			
与本公司合作情况	主要是对提供何种产品及服务、合作流程、结算方式等信息的记录			
	业务合作过程是否存在纠纷(不限于产品品质问题、付款、服务等方面)情况的记录			

3.4.4　流程：供应商关系维护流程

供应商关系维护流程如图 3-16 所示。

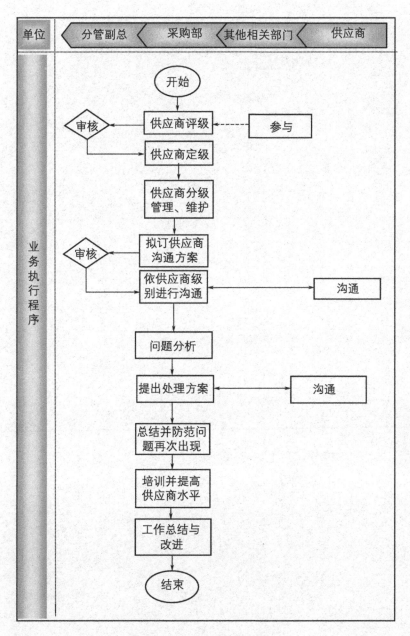

图 3-16　供应商关系维护流程

第4章

采购价格管理

4.1　采购价格的确定

4.1.1　影响因素：8个影响因素

采购价格是指企业进行采购作业时，通过某种方式与供应商确定的所需采购的物品和服务的价格。采购价格的影响因素，如图4-1所示。

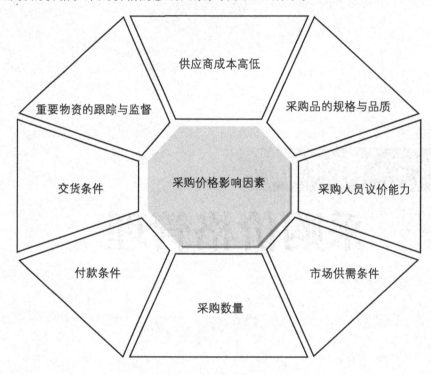

图 4-1　采购价格的影响因素

下面对采购价格的影响因素进行简要的说明。

4.1.1.1　供应商成本高低

这是影响采购价格最直接、最根本的因素。供应商进行生产，其根本目的是获得一定的利润，因此其价格的确定与其生产成本密切相关。当其达到一定生产规模，具备较强的成本竞争优势时，采购方有可能获得较为优惠的采购价格。

4.1.1.2 采购品的规格与品质

采购方对采购产品的规格和品质的要求越高，价格越高；反之，要求越低，价格相应的也会越低。但企业在采购的时候，应以满足企业生产需要为前提，不应单方面追求价格而忽略了质量。

4.1.1.3 采购人员议价能力

采购谈判人员的议价能力的高低也影响着采购价格，议价能力越高，采购价格越低；反之，议价能力欠缺，则会导致采购价格较高。

4.1.1.4 市场供需条件

当企业所需物品的市场供应量大于需求量时，则采购企业处于主导地位，可获得较为优惠的价格；当企业所需物品的市场供应量小于需求量时，则供应商处于主导地位，很可能趁机抬高采购价格。

4.1.1.5 采购数量

如果采购数量大，为了表示诚意或向采购方示好，供应商将会在价格上给予采购方一定的优惠，采购方将会获得较为优惠的价格。因此，大批量、集中采购是降低采购价格的有效途径。

4.1.1.6 付款条件

在付款条件上，为了鼓励或刺激采购方提前进行现金付款，一般会设置期限折扣、现金折扣等相关优惠，因此，对于采购方而言，为了节省采购成本，应考虑到付款条件对采购价格的影响。

4.1.1.7 交货条件

交货条件也是影响采购价格的重要因素。交货条件主要包括运输方式、交货地点、包装方式、交货期的缓急等。

4.1.1.8 重要物资的跟踪与监督

对重要物资进行跟踪与监督，有助于了解行情，在价格的选择上更加合理；反之，缺乏跟踪与监督，不了解市场行情，供应商可能虚报价格，导致采购价格较高。

4.1.2 分析方法：5种价格分析法

采购价格的分析方法主要有五种，如图 4-2 所示。

最低价格分析法	◆对供应商的报价进行比较，在产品功能、技术条件均满足采购需要的情况下，分析最低价格；通常是剔除供应商的不合理报价，选出最低报价作为最低价格
数量折扣分析法	◆一般情况下，当采购方大量购买时，供应商会给与一种折扣优惠，但采购价格并非随着采购量的增加而持续减少；数量折扣分析法是根据采购量增加时采购价格的降低幅度变化趋势，判断出最佳的采购量点
固定成本分析法	◆固定成本是指成本总额在一定时期、一定范围内，不受采购量的增减变动影响而保持不动的成本；但相对于单位采购量而言，单位采购量所负担的固定成本与采购量成反比关系
可变成本分析法	◆可变成本是指供应商成本总额随着采购量的增减变化而呈正比例增减变化的成本，但对于单位采购量而言，其单位采购成本保持不变；可变成本一般分为技术性变动成本和酌量性变动成本
产品成本分析法	◆产品成本分析法是将供应商的报价根据物资的固定成本与可变成本进行分析，以此来判断供应商报价的合理性，促使供应商对不合理价格进行调整

图 4-2　采购价格分析方法

4.1.3 流程：采购价格分析流程

采购价格分析流程如图 4-3 所示。

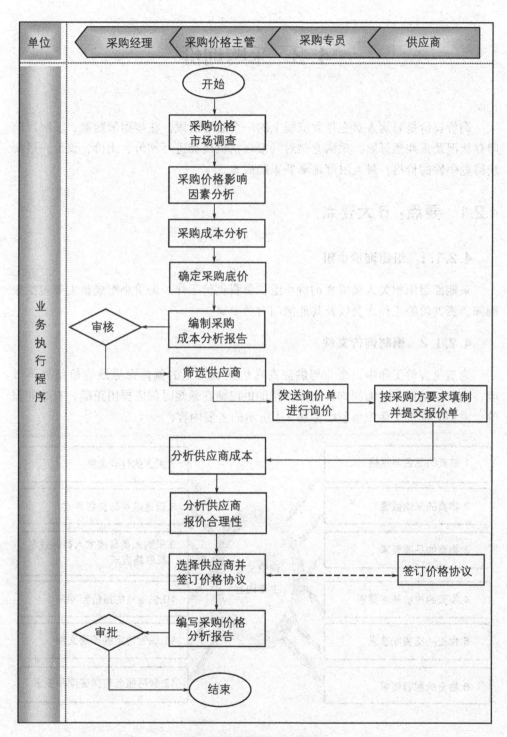

图4-3 采购价格分析流程

4.2 采购询价

询价议价是采购人员在作业流程上的一个必要阶段。在接到请购单、了解目前库存状况及采购预算后，采购专员对几家合格供应商进行询价、比价、议价，最终获得竞争性的价格，最大限度地降低采购成本。

4.2.1 要点：6大要点

4.2.1.1 组建询价小组

采购部组织相关人员成立询价小组，负责询价工作。询价小组成员主要包括采购部负责询价的工作人员以及其他部门有关专家。

4.2.1.2 编制询价文件

为避免询价工作中，企业与供应商在价格认知上的偏差而导致询价结果不准确，询价小组应及时编制询价文件，帮助供应商在最短时间内提出正确、有效的报价。完整的询价文件应当包括如图 4-4 所示的主要内容。

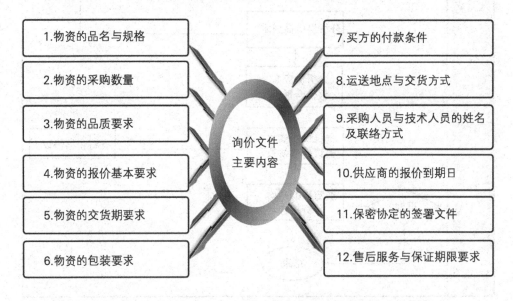

图 4-4　询价文件主要内容

4.2.1.3　收集、分析供应商报价

询价小组向询价供应商传达询价通知并发送询价文件，在询价文件规定的截止日期前，收集所有供应商反馈的报价单，并将供应商的报价信息进行汇总整理，经过比较分析，判断报价信息的合理性问题，并编制"采购询价报告"，送交采购经理、采购总监审核。

4.2.1.4　确定议价供应商

采购总监根据采购经理的审核意见，详细分析询价报告，确定候选的交易供应商。采购人员与候选供应商积极联系，安排谈判议价事宜。采购专员可将报价信息整理归类，充实企业的采购价格数据库，亦可为接下来的议价工作和下期的采购工作提供参考和依据。

4.2.1.5　议价准备

采购部组织谈判小组，谈判前分析、讨论双方形势，制订可行的议价方案，为接下来的谈判议价工作做好充分的准备。谈判议价准备要求如图 4-5 所示。

1. 明确议价达成的目标，确定价格、质量、服务、运输和支付要求
2. 收集供应商的详细情况，重点关注其在价格方面的立场，并分析物资成本
3. 确定采购的实际情况，寻找可信的数据
4. 重点讨论议价过程中的分歧问题
5. 分析双方的优势与劣势，帮助确立议价要点
6. 明确议价的范围和指标，制订能够实现的合理价格目标

图 4-5　谈判议价准备要求

4.2.1.6　谈判议价

谈判小组依据议价方案，开展谈判议价工作。谈判议价过程中，要善用技巧，尽可能争取企业的最大利益。双方经过多次协商让步，最终确定采购价格。

4.2.2　工具：采购询价单

采购询价单如表 4-1 所示。

表 4-1　采购询价单

物资(服务)名称	编号	规格说明	单位	数量	质量要求

报价须知	交货期限	□需于　　年　月　日以前交清□订购后　天内交清
	交货地点	
	付款办法	□交货验收合格后付款□试用合格后付款
	订购方法	□分项订购□总金额为准
报价期限	报价截止日期	上开报价单请于　　年　月　日　时以前惠予报价以便洽购为荷
	报价保留时效	请保留报价有效期间至询价截止日期起　天以上
报价途径		以上报价单请寄送至××××市×××路×××号××××公司采购部 或发送至××××@××××.com

4.2.3　文书：采购报价邀请函

下面是一则采购报价邀请函的范例，仅供参考。

文书名称	采购报价邀请函	编号	
		版本	

　　本公司现就公司需求物资进行询价采购，欢迎有相应资质和具有相应供货能力的供应商，根据询价文件要求参加本次竞价采购活动。采购物资报价的要求如下：

一、项目内容

本次采购的物资为　　，供应商需对其进行合理的报价。

二、资格证明材料

供应商进行报价时，应提供以下资格证明材料。

1. 所有的材料需提供原件和复印件，复印件需盖公司红印章。

2. 资格证明材料包括工商营业执照副本、身份证、品牌代理商或供货商资质证明材料。

三、委托人的要求

1. 受公司委托进行报价，需提供法定代表人授权委托书和其本人的有效身份证，如是法定代表人来进行报价则需提供有效身份证。

2. 报价要求提供的其他资料，供应商报价的委托人也需提供。

四、报价截止时间

1. 报价截止时间为　　年　　月　　日。

2. 超过规定时间递交或没有按规定密封的询价报价表本中心一律不予受理。

五、资料费

本次采购无需缴报价资料费。

六、报价须知

1. 供应商须对采购方采购物资进行分别报价，再计算总报价。

2. 报价必须填写清楚，不得涂改。

3. 供应商报价文件需签章齐全。

4. 未对供应商的报价表作出实质性响应的视为无效报价表。

5. 填写报价时必须填写单价和总金额，否则视其报价无效，若单价总和与总金额不相等，则以总金额为准。

6. 对本次采购物资的规格型号、技术参数有偏离的报价无效。

7. 供应商提供的物资保证为原厂正版货物，并提供采购要求的原厂年限的售后服务。

8. 本次报价包括设备报价、必备配件报价等所有相关费用（包含运输、安装、调试、检测、税费、利润等设备正常运行前的全部费用）。

七、履约保证金

合格的供应商应在合同签订当日按采购价的 10% 向采购方缴交履约保证金，履约保证金于产品安装验收合格后无息退回。

八、付款方式

本次采购物资的付款方式为产品安装验收合格后付清。

九、定价方式

采购物资价格的确定，以同等条件下按最低价定价，价格相同则根据售后服务等情况决定。

十、联系方式：

公司的联系地址：　　；电话：　　；传真：　　；电子邮箱：　　；联系人：　　。

公司：（签名并盖章）

日期：

4.2.4 流程：采购询价管理流程

采购询价管理流程如图 4-6 所示。

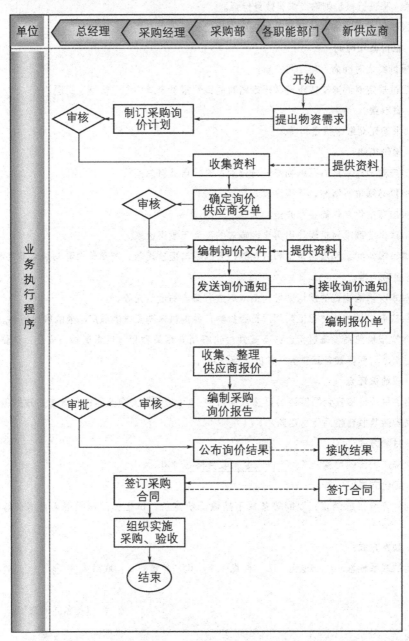

图 4-6 采购询价管理流程

4.3 比价议价

4.3.1 要点：3大要点

4.3.1.1 准备调查资料

采购价格调查人员在开展调查工作前，应明确调查价格的种类和需要进行价格调查的物资范围。一般而言，采购价格的种类如图4-7所示。

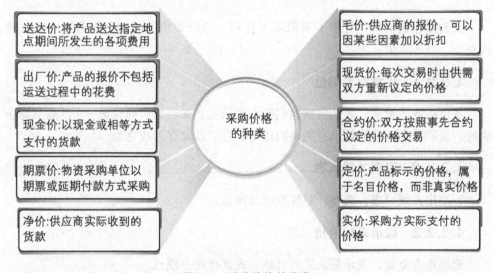

图 4-7 采购价格的种类

4.3.1.2 编写调查方案

采购价格调查人员将收集的各类资料加以整理、分析和总结，根据调查物资的性质，编制采购价格调查方案，作为采购价格调查工作的指导文件。

4.3.1.3 价格调查实施

采购价格调查人员依照调查方案的相关说明，正式开展调查工作。采购价格调查工作主要包括如表4-2所示的调查内容，调查人员将各项调查结果数据进行详细记录，并整理为"采购价格比价表"，经采购经理审核后，完成采购调查工作。

表 4-2　采购价格调查内容

调查内容	说明
物资的市场价格	◆在调查对象的物资质量或规格相差不大的情况下,重点调查物资的市场价格
品牌知名度	◆在调查时知名物资的价格相对比较规范,而新上市的物资或是不知名品牌的物资可能会出现采购价格很高的情况,对这类物资需要采购部谨慎调查
物资的性质	◆根据不同性质的物资重点调查供应商的采购加价率
物资的销售量	◆调查物资的销售量可以分析该物资是否存在批量折扣
其他方面	◆调查供应商的规模、信誉度、经营成本和物资的档次等方面

4.3.2　技巧：6个技巧

采购方在议价时，可善于利用以下技巧，进行议价，以便于以最有力的价格成交。

4.3.2.1　注意察言观色

从供应商的神态、表情判断他们的心理状态。如当供应商讨论一个问题犹豫不决时，表明他们对此问题没有明确的定位，可以以此作为攻克点。

4.3.2.2　识别关键人物

识别出其领导者，再有针对性地进行沟通。

4.3.2.3　提示采购价格

避谈本方立场，提示最低采购价格，先试探对方观点。

4.3.2.4　建立双赢策略

设法让供应商积极地协助自己，创造双赢气氛，与供应商愉快相处，不但可以提高降价概率，而且可以先决定价格，再争取各类折扣。

4.3.2.5　平等合作原则

议价时尽量不批评对方，要赞美对方，以争取更低价格或更好的服务。

4.3.2.6　礼让对方

让供应商有合理的利润，让供应商自己提出结论。

4.3.3　工具：采购价格比价表

采购价格比价表如表 4-3 所示。

表 4-3　采购价格比价表

编号：　　　　　　　　　　　　　　　　　　　　　日期：　年　月　日

采购申请单号		询价单号				采购物品名称
供应商		电话	厂商报价(元)			备注
			出厂价	批发价	零售价	
平均价						
比价结果	评价人签字： 日期：					
注：本单一式两联：一联比价员自留，以备参考；一联报评估小组，对照实际采购价格分析并签署意见，然后报采购价格批准人的上级						

审批：　　　　　　　　　比价员：

第5章

采购洽谈

5.1 采购洽谈准备

5.1.1 要点 1：选择采购谈判人员

在正式进行谈判前，企业应慎重选择本方的谈判人员，根据各采购人员的性格特点，合理组建采购小组或安排采购谈判人员。

一个成功的采购谈判人员或谈判小组，应包含如图 5-1 所示的特征。

◎准确的判断力

◎认真聆听的能力

◎良好的自律及管制能力

◎良好的观察力和理解能力

◎良好的提问技巧

◎危机处理能力，能够妥善处理冲突和对立

◎有责任感，正直并公正

◎有亲和力，不乏幽默感

◎做事灵活，但能坚守原则

图 5-1　成功谈判人员特征说明图

5.1.2 要点 2：了解对方谈判人员

在商务洽谈中，知己知彼，才能百战不殆。采购人员除了要对本公司谈判人员进行优化配置，更重要的是要掌握对方各谈判人员的决策权限及重要决策人的个性及嗜好等。

谈判人员对对方的情况进行了解时，应着重了解以下两个方面。

5.1.2.1　了解谈判人员的权限

确定对方各谈判人员的权限和职责，可以有效提高谈判的主动性，并节省谈判时间，防止节外生枝事件的发生。

在正式进行谈判前，最好通过调查方式了解确定各谈判人员的决策权限。通常对方派出的谈判人员主要有业务员、业务主管、经理或副总，不排除对方总经理会亲临谈判现场的可能。采购人员在谈判时应本着"只与有权做决定的人进行谈判"的原则进行。

5.1.2.2　分析对方谈判人员个性

谈判人员应对对方负责人的个性进行了解，并根据对方的个性特点制定谈判策略。

个性也被称为人格，是表现在人身上的经常性、稳定性的心理特征的总和，包括了气质、性格及能力特征，体现了人独特的做事风格、心理活动及行为表现。通过对负责人个性的分析，采购人员可以有效掌握谈判先机，占据主动优势。

一般情况下，对方谈判人员的个性可以分为兴奋型、活泼型、安静型和抑制型，其性格特点、语言特征及谈判对策如表 5-1 所示。

表 5-1　个性分类说明表

个性分类	性格特点	谈判特点	应对策略
兴奋型	◆情感外露，喜怒形于色、直率、热情、精力旺盛、豪爽、讲义气； ◆对人与事很敏感、反应快，办事讲究效率； ◆自信心较强，不轻易改变看法，敢于冒险，富有挑战，决策果断； ◆自尊心很强，好胜、霸道、喜欢挑剔、吃软不吃硬； ◆以自我为中心，喜欢别人按他的意愿行事； ◆性情急躁、缺乏耐心、易于冲动，自控力差	◆为了取得最大成就和利益，他们无视别人的反应和感觉，不惜一切代价； ◆喜欢发号施令，努力使自己成为权力中心，不给对方留下任何余地； ◆若控制谈判，则充分运用手中权力进行讨价还价，不择手段地逼迫对方接受条件； ◆喜欢通过迎接困难和挑战的方式显示出能力并树立起自我形象； ◆经过艰苦的讨价还价，调动全部力量获取成功后，才会使他们感到满足	◆满足其自尊需要，利用其求胜心里和冒险性格，促使对方铤而走险； ◆以柔克刚，用耐心压抑对方，沉着冷静面对对手的发火和暴跳如雷，不急于反驳； ◆沉着、冷静面对谈判冲突，不轻易屈服； ◆在面对谈判冲突时，及时将话题转移至对方感兴趣的事情上

个性分类	性格特点	谈判特点	应对策略
活泼型	◆思维敏捷、反应快、脑袋灵活、感情丰富； ◆善于交际、待人热情、愿意帮助别人； ◆言谈谨慎、不露锋芒，善于发现和维护对方的兴趣和面子； ◆注意力不稳定，见异思迁、兴趣转移快	◆具有良好的人际关系，待人热情，但在努力搞好关系的同时，忽略了进攻和反击； ◆处理问题不盲从草率，会想法阐述不能接受的理由； ◆不喜欢研究数字，对细节问题不感兴趣； ◆不喜欢单独工作，不适应冲突气氛	◆表扬对方，但保证不过分； ◆准备大量细节和数字问题，使对方感到厌烦； ◆态度上具有进攻性，使对手感到紧张不安
安静型	◆反应慢，不爱讲话，对人反应冷淡； ◆沉着稳重，观察事物比较细心、有深度； ◆决策坚定，不易受他人影响而改变主意； ◆有毅力、有耐心、有条理、执行力强； ◆缺乏创造性，喜欢照章办事，不喜欢挑战； ◆为人固执，适应能力差	◆有很强的执行力，能够按计划执行上级的命令和指示； ◆喜欢安全、有秩序的谈判； ◆没有自己的主张和见解，缺乏创造力； ◆不愿做决策，也避免做决策； ◆不适应单边的谈判，需要有同伴的支持； ◆适应性差，无法应付复杂多变的局面	◆创造一对一的谈判格局，并将谈判分解为若干有明确目标的阶段以获得对方的配合； ◆减少谈判时间，降低其防御心理； ◆准备详细的资料来支持自己的观点，尽量不提出新的主张及建议； ◆冷静并耐心对待谈判人，注意态度及措辞
抑制型	◆观察事物比较细致、深刻，感情细腻、敏感，考虑问题比较全面； ◆做事严谨，问题考虑慎重，一般不轻易下结论； ◆疑心重，不轻易相信别人，对任何事都持怀疑和批评的态度； ◆性格孤僻，心理承受能力低，吃硬不吃软； ◆思维转移慢，不善言谈	◆怀疑、犹豫不决； ◆关注细节； ◆不喜冲突并避免对立	◆提出详细、具体、准确的方案及建议，避免使用"大概""差不多"等词句，事实清楚，论证充分； ◆在谈判中要有足够的耐心等待对方做出决策，不可催促或逼迫对方表态，这样反会更加重他的疑心； ◆在陈述问题时，应提出详细的数据进行说明，并留出充裕的时间让对方思考

5.1.3　要点 3：采购事项分析准备

在商务谈判中，采购人员须对采购本身的事项进行详细了解和分析，预算采购成本、调查对方产品的产能及品质、明确具体交易内容、调查对方销售状况、价格承受能力及我方缺料风险，分析对方销售对我方的依赖程度及对方生产营销上的薄弱环节，从而促进商务洽谈的顺利进行。

5.1.3.1　成本分析

采购人员须根据具体的采购项目对采购所需成本进行分析，分析内容包括采购价格、采购成本和价值分析。采购的成本分析说明图如图 5-2 所示。

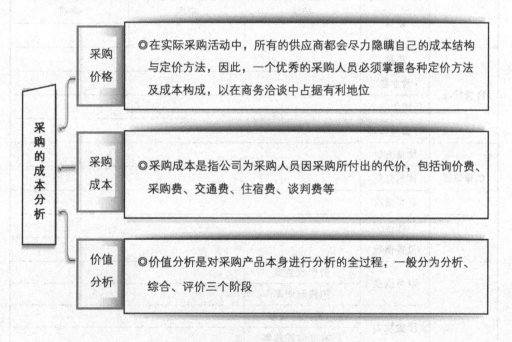

图 5-2　采购的成本分析说明图

5.1.3.2　调查对方产能及品质

采购人员在进行正式的谈判前，应调查对方的生产产能是否能够保证并满足公司生产，其产品品质是否能达到公司相关生产的要求。

供应商产能调查表如表 5-2 所示。

表 5-2 供应商产能调查表

调查人：   调查时间：   年 月 日

企业名称				
企业性质				
组织架构				
总人数	人(其中生产工人 人,技术人员 人)			
主要技术管理人员构成	总人数			
	年龄分布	20～35 岁	36～49 岁	50 岁以上
	学历	高中	本科	本科以上
	职称	初级	中级	高级
经营状况	产量			
	营业额			
	年销售收入			
	存货周转率			
质量体系	质量方针			
	体系介绍			
	获奖情况			
固定资产	厂房面积			
	设备情况			
财务状况	财务效益	资产收益率		
		销售利润率		
	资金能力	总资产周转率		
		应收账款周转率		
	偿债能力	资产负债率		
		流动比率		
	发展能力	销售增长率		
		总资产增长率		
生产强项或竞争力产品				
主要大客户				

5.1.3.3 熟知交易内容

采购人员应熟知商务洽谈的交易具体内容，并对其有较为深刻的认识。一般而言，采购交易内容说明图如图 5-3 所示。

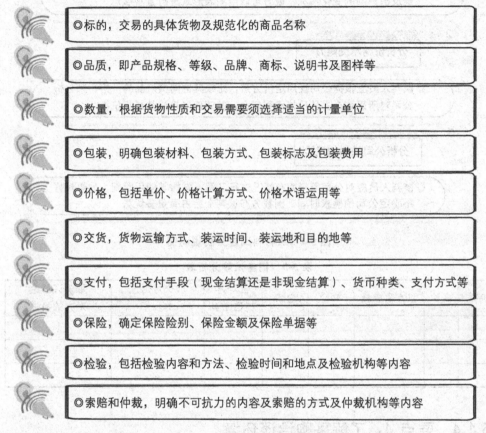

◎标的，交易的具体货物及规范化的商品名称

◎品质，即产品规格、等级、品牌、商标、说明书及图样等

◎数量，根据货物性质和交易需要须选择适当的计量单位

◎包装，明确包装材料、包装方式、包装标志及包装费用

◎价格，包括单价、价格计算方式、价格术语运用等

◎交货，货物运输方式、装运时间、装运地和目的地等

◎支付，包括支付手段（现金结算还是非现金结算）、货币种类、支付方式等

◎保险，确定保险险别、保险金额及保险单据等

◎检验，包括检验内容和方法、检验时间和地点及检验机构等内容

◎索赔和仲裁，明确不可抗力的内容及索赔的方式及仲裁机构等内容

图 5-3　采购交易内容说明图

5.1.3.4 调查对方销售状况、价格承受能力及我方缺料风险

采购谈判人员还应对原材料进行调查和了解。原材料调查分析说明图如图 5-4 所示。

5.1.3.5 掌握对方销售对我方的依赖程度

谈判人员在进行谈判前，应对我方采购量占对方总销量的比重情况进行调查，此外还应分析我方用料情况对对方产生的销售利润进行估算，以在谈判桌前作为吸引对方进行合作的一个诱惑点。销售依赖分析表如表 5-3 所示。

调查销售状况

◎谈判人员应对对方的销售情况进行调查，调查近年或者近期对方的销售量及销售额的变化情况，最好可以用图表形式进行直观展示

分析价格承受能力

◎谈判人员应根据公司现用定价方法，比较其他同类产品的价格，来分析公司对所采购产品的价格承受能力，并明确能接受的最高价格

分析公司缺料的风险

◎谈判人员应对公司原料库存情况进行了解，掌握其使用时间，如果对方不确定公司的需求时间，则我方在谈判上会占有更多优势

图 5-4　原材料调查分析说明图

表 5-3　销售依赖分析表

序号	名称	我方需求量	单价	总价	占对方 销售比重	成交可形成 的利润	取消订单给 对方的损失
1							
2							
…							

5.1.4　要点4：了解采购洽谈环境

谈判人员在进行正式谈判前，应对谈判的整体环境进行掌握。谈判环境包括整体的市场行情、市场价格情况、现行汇率的变动趋势、市场预测等大方向分析及对方在地理位置上的优势等细节分析。

5.1.4.1　货比三家，多方询价

现在市场上产品同质化严重，替代性强。采购人员应对市场进行认真走访，对同类产品、同类质量的厂家进行了解，掌握其价格水平。

此外对合格供应商之外的厂商进行询价可以更加直接有效地了解采购产品的真实价格情况，便于企业做出各项采购决策。比价询价意义说明图如图5-5所示。

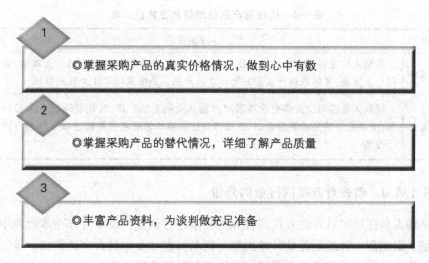

图 5-5　比价询价意义说明图

5.1.4.2　预测未来供需状况

采购人员应对公司产品的销售情况进行预测，继而对采购项目的供需状况进行预测。采购人员预测供需状况说明图如图 5-6 所示。

产品供需状况　　　　　　同类产品销售情况

汇率变动趋势　　　　　　原材料供应情况

图 5-6　采购人员预测供需状况说明图

5.1.4.3　收集供应商产品品质信息

采购人员应提前收集供应商产品品质信息，并用作谈判筹码。供应商产品品质信息收集说明表如表 5-4 所示。

表 5-4 供应商产品品质信息收集说明表

信息类别	收集要求
基础信息	采购人员应对对方的产品品质信息进行收集,如在哪年曾经出过什么事故,哪年获得什么奖项,哪年取得什么专利等。这些产品品质信息均可作为谈判筹码
其他信息	采购人员应对供应商企业高层对产品品质的重视程度、品质管理技术人员构成情况、全体员工的品质管理意识、品质管理组织架构情况及质量管理体系的运行情况进行收集

5.1.4.4　调查对方在同行业的分量

采购人员还应对对方企业在同行业的分量进行调查,查看对方在本行业中属于领导型、跟随型、挑战型还是补缺型等。判断其在行业中是否有话语权,是否能左右行业整体价格,以便谈判人员根据实际情况制订谈判方案。

5.1.5　要点 5：设定采购洽谈底线

谈判底线的设计和应用,在谈判中占据重要作用。底线不仅是指产品或服务的价格底线,还包括预付款、交易数量、成交额、运输方式及保险等事项的底线。

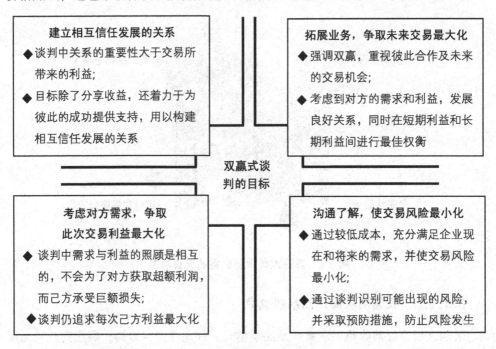

图 5-7　双赢式谈判的目标

5.1.5.1　预设谈判目标

谈判的目的就是为了达到谈判双方的共赢状态。为了达到双赢的目的，在谈判的过程中，采购人员可以预先设定一些目标，作为谈判的底线。双赢式谈判的目标如图 5-7 所示。

5.1.5.2　谈判底线设置的注意事项

在设置谈判目标底线时，采购人员需要注意以下问题，避免给企业带来不必要的损失。确定谈判底线的注意事项说明表如表 5-5 所示。

表 5-5　确定谈判底线的注意事项说明表

注意事项	事项说明
成本最小、利益最大原则	◆利益，即采购人员代表的公司利益，也包括采购人员个人人格、尊严、经济利益等； ◆在设置谈判底线时，采购人员应保证设置谈判底线不能使企业利益受损
考虑供应商可接受范围	◆采购人员及其所代表的企业与供应商之间的关系应该是一种双赢关系，即供应商可以满足自身的某种需求，采购人员及其所代表的企业也可以以最低的成本获得物资； ◆在设置谈判底线时，采购人员不能只考虑本企业的利益最大化，而丝毫不考虑供应商的利益，这样只会使采购谈判陷入僵局，同时也不会形成良好而持续的客户关系，为此，在设置底线时，采购人员不仅要考虑自身利益的充分实现，同时还必须结合客户情况进行设置
尽可能坚持底线	◆在确保底线设置合理的前提下，一旦确定底线，那么无论客户提出怎样的条件，采购人员都要尽可能地坚持底线。也就是说，采购人员可以在坚持底线的前提下灵活让步，如果超出了底线，那么宁可失去客户也不要放弃底线。这是因为，当采购人员轻易地放弃底线之后，客户恐怕还会一而再，再而三地要求让步
要求尽可能高地超出底线	◆在通常情况下，采购人员不可以在沟通之初就向客户表明底线。只有销售人员提出的要求超出自己期待的最低目标，即超出底线，才有可能获得更大的利益。如果过早地提出自己的最低目标，那不仅会失去获得更大利益的机会，而且还会使整个沟通过程缺少互动

5.2　洽谈过程管理

5.2.1　环节 1：选择洽谈策略

选择合适的洽谈方法有利于谈判的顺利进行。如何选择谈判方法并有效进行利用，是每位采购谈判人员都应该掌握的基本技能。在实际谈判过程中，常用的策略方法有数量策略、时间策略、成本策略、货源策略及品质策略五种。

5.2.1.1 数量策略

数量策略是指利用限购、预购、投机采购等方式来争取采购数量上的折扣。数量策略使用说明表如表5-6所示。

表5-6 数量策略使用说明表

采购方式	具体说明
限购	◆一般而言,一次性采购的数量越大,所能得到的折扣就越多
预购	◆鉴于供应商的实际生产能力及经营特点等情况,可进行预购,即交付一定数量的定金后,由供应商进行所需产品的提供
投机采购	◆投机采购是指采购数量为正常使用量或采购量的许多倍,如估计到某类商品会涨价,事先大量购入,以降低采购成本,加强商品竞争性的采购行为; ◆投机采购主要适用于物品价格看涨时、预期货源短缺时,或者适用财务雄厚的企业

5.2.1.2 时间策略

时间策略即利用谈判双方在时间上的共性和特点,适时地明确采购协议的长短,以促使双方在互利互让的前提下,及时和圆满结束谈判。

采购人员可根据实际需要,与供应商签订长期合约、短期合约或进行现货购买。

5.2.1.3 成本策略

成本策略是指采购人员根据公司生产预期、结合物料使用安排等项目选择外购、内购、统购等方式,以合理分配采购的成本。成本策略使用说明图如图5-8所示。

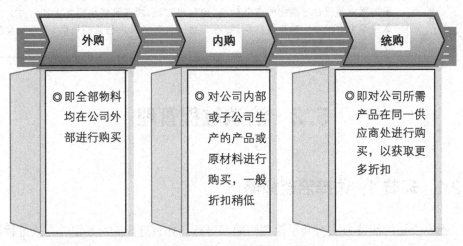

图5-8 成本策略使用说明图

5.2.1.4　货源策略

货源策略一般是指通过采购人员的事前调查，对公司所采购的原料进行详细了解，明确是应该采取独家采购的方式还是应该采取多家采购的方式进行采购。

独家采购与多家采购的对比分析表如表 5-7 所示。

表 5-7　独家采购与多家采购的对比分析表

项目	独家采购	多家采购
价格	属规模经济,成本上占据优势	多家供应商进行竞争,价格上占有优势
安全	产品质量比较稳定,安排上相对简单	多家预备货源,方便应急
发展	供应商在主动性、设计创新方面有积极性	可对自满和冷淡的供应商形成刺激
市场结构	独家供应易导致垄断	多家采购促进竞争

5.2.1.5　品质策略

采购人员在进行谈判前应掌握各供应商产品的品质特点，并找出最适合公司生产的原料及产品。

采购谈判人员在使用品质策略时，须注意如下几点。

① 详细说明采购产品的规格。

② 能够提供客观可执行的验收标准。

③ 能够帮助供应商解决品质问题。

④ 能够协助供应商建立品质管理制度。

⑤ 充分尊重供应商的专业技术。

5.2.2　环节 2：确定报价与还价策略

采购价格谈判是采购方与供应商之间讨价还价的过程。作为一名采购人员，应掌握还价的策略。采购还价策略如表 5-8 所示，仅供参考。

表 5-8　采购还价策略

策略	内容说明
化整为零	采购人员在还价时可以将价格集中起来,化整为零,化大为小,这样可以在供应商心理上造成相对的价格昂贵感,收到比用小数目进行报价更好的交易效果。这种报价的要点在于加大计量单位,换算成大单位的价格。如将"千克"改为"吨"等

策略	内容说明
欲擒故纵	买卖双方势力均衡,此时采购方不应流露出采购的意愿,而应从"试探性的询价"入手,用以了解供应商的态度,进而为自己争取到更优惠的采购条件
迂回战术	在供应商占优势,正面议价效果不好的情况下,采购方可采取迂回战术来进一步完成采购工作
目标分解策略	根据对方的报价,将不能让步的问题和交易条件和可以考虑让步的项目,分别列出,并据此与供应商进行议价
条件还价策略	即以让步换取让步。若供应商不愿在价格上做让步,则采购方在同意价格的同时,要求对方放宽其他条件

5.2.3　环节3：了解商务谈判礼仪

一般而言，谈判的礼仪重点涉及谈判座次、谈判表现等具体方面。

5.2.3.1　谈判的座次安排技巧

举行正式谈判时，采购人员应合理安排谈判现场位次。从总体上讲，排列正式谈判的座次，可分为两种基本情况。谈判的座次说明表如表5-9所示。

表5-9　谈判的座次说明表

谈判方式	座次排列方式	具体说明
双边谈判	横桌式	◆谈判桌在谈判室内横放,客方人员面门而坐,主方人员背门而坐; ◆除双方主谈者居中就座外,各方的其他人士则应依其具体身份的高低,各自先右后左、自高而低地分别在己方一侧就座
	竖桌式	◆谈判桌在谈判室内竖放。具体排位时以进门时的方向为准,右侧由客方人员就座,左侧则由主方人员就座
多边谈判	自由式	◆各方谈判人员在谈判时自由就座,而无须事先正式安排座次
	主席式	◆主席式座次排列,是指在谈判室内面向正门设置一个主席之位,由各方代表发言时使用

5.2.3.2　谈判临场表现技巧

进行正式谈判时，谈判者的临场表现，直接影响到谈判的现场气氛。谈判者的临场表现中，最为关键的是穿着打扮、保持风度、礼待对手三个方面。临场谈判技巧说明图如图5-9所示。

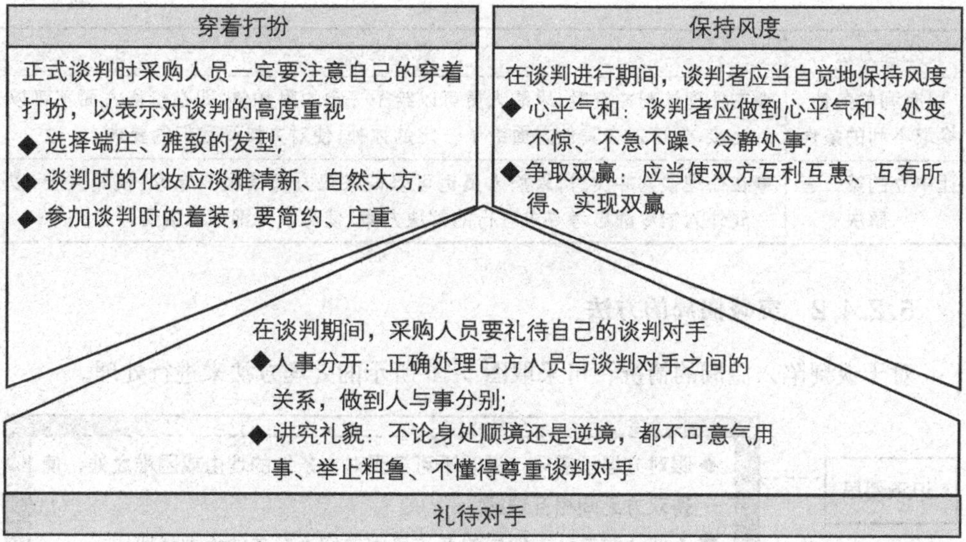

穿着打扮	保持风度
正式谈判时采购人员一定要注意自己的穿着打扮，以表示对谈判的高度重视 ◆ 选择端庄、雅致的发型； ◆ 谈判时的化妆应淡雅清新、自然大方； ◆ 参加谈判时的着装，要简约、庄重	在谈判进行期间，谈判者应当自觉地保持风度 ◆ 心平气和：谈判者应做到心平气和、处变不惊、不急不躁、冷静处事； ◆ 争取双赢：应当使双方互利互惠、互有所得、实现双赢

在谈判期间，采购人员要礼待自己的谈判对手
◆ 人事分开：正确处理己方人员与谈判对手之间的关系，做到人与事分别；
◆ 讲究礼貌：不论身处顺境还是逆境，都不可意气用事、举止粗鲁、不懂得尊重谈判对手

礼待对手

图 5-9　临场谈判技巧说明图

5.2.4　环节 4：妥善解决洽谈中的问题

谈判问题，是指谈判各方为了达到各自利益的最大化所产生的谈判冲突或使谈判陷入僵局的事件。

5.2.4.1　谈判冲突的处理方法

在谈判过程中发生冲突时，采购人员需采取有效的方法，来化解冲突，谈判冲突的处理方法如表 5-10 所示。

表 5-10　谈判冲突的处理方法

处理方法	具体说明
正确面对冲突	◆ 在谈判中产生冲突是很自然的，采购人员要用平和、积极的态度面对谈判过程中的冲突
换位思考	◆ 在谈判中，冲突代表着机会，伴随冲突的是对方的意见、要求或理由，而毫无反应则意味着谈判没有达成的希望； ◆ 采购人员应从对方角度分析为什么会出现冲突，以缩小双方的距离
将冲突转化为问题	◆ 在谈判中，采购人员尽量避免出现争吵、拍桌子等情绪化的行为，以免降低谈判达成的概率； ◆ 采购人员应把冲突转化为问题，与谈判对方共同寻求解决办法

处理方法	具体说明
以有利的条件换取不利的条件	◆在处理谈判冲突时,采购人员可以给予一定的附加值,即在价格方面不可以让步,但可以在其他方面给予一定的弥补,使对方接受我们的要求
让中立的第三者解决	◆在处理谈判冲突时,采购人员也可以请来双方都信服的专家、权威人士,以局外人的冷静思考寻求可行的解决方案,使得双方都可以接受

5.2.4.2 突破僵局的方法

对于谈判陷入僵局的情况,可采取图 5-10 所示的处理方法来进行处理。

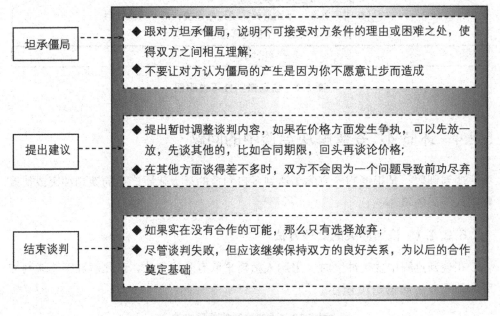

图 5-10 谈判僵局的突破方法说明图

5.3 谈判技巧运用

5.3.1 技巧 1:与不同类型的洽谈者谈判

谈判策略的选择对采购人员来说是一件很重要的工作。谈判高手通常都愿意花时间去研究这些策略,以求达到最好的采购绩效。因此采购人员在进行采购谈判时，需灵活选择合适的谈判策略。

5.3.1.1 依据对手的态度制订策略

在商务谈判中，对手的态度对谈判是否能顺利进行有着直接影响，采购谈判工作亦是如此。

(1) 合作型谈判对手的策略

合作型谈判对手具有强烈的合作意识，注意谈判双方的共同利益，期望达成双方满意的结果。对于这类谈判对手的策略，可采取"因势利导策略""感情沟通策略"等方式，这样便于双方在互利互惠的基础上尽快达成协议。

(2) 不合作型谈判对手的策略

在进行采购谈判时，可能会遇到这样的谈判对手，他们不断否定或抨击采购方提出的建议，而不关心如何使双方的利益都得到满足。遇到这种情况，可采取如"避免争论策略""迂回策略"等技巧，才能促成采购谈判的顺利进行。

5.3.1.2 依对手的实力制订策略

面对实力较强的谈判对手，采购方要加强自我保护，不在对方的压力下达成不利于己方的协议。在进行采购谈判时，可采取"以退为进""底线策略"等方式。

反之，当采购方占据主动权时，则可采取"先声夺人策略"等方式，来为自身争取到更多的优惠条件。

5.3.2 技巧2：与不同性格的洽谈者谈判

性格是指表现在人对现实的态度和相应的行为方式中的比较稳定的、具有核心意义的个性心理特征。在采购谈判过程中，决策人的性格对于谈判的进度和结果起着不可忽视的作用。

那么对待不同性格的决策人，企业需要积累哪些经验呢？与不同性格的洽谈者谈判的策略说明如表5-11所示。

表5-11 策略说明

不同性格的决策人		策略
执行型谈判对手	1. 偏好于有秩序、没有太大波折的谈判； 2. 对领导的安排和指示，以及事先做好的计划坚决执行，全力贯彻。缺乏自己的主张和见解	1. 多用事实资料和信息来提升自己的可信度； 2. 营造一对一谈判的局面，将谈判分解为有明确目标的不同阶段，这样，容易获得对方的配合，使谈判更有效率

不同性格的决策人		策略
权力型谈判对手	1. 敢于冒险,喜欢挑战、决策果断,缺乏耐性; 2. 他们以对他人和对采购谈判局势施加影响为满足,希望自己是谈判的主导者	1. 在谈判中具备相当的耐心,靠韧性取胜。即使对方态度恶劣,也要保持冷静; 2. 努力创造一种温和简单的气氛。在个人谈判中,正面冲突应最好避免; 3. 尽可能利用数据来证明自己观点的真实性,必要时,提供大量的、有创造性的信息,促使对方接受自己的观点
说服型谈判对手	1. 具有良好的人际关系,别人的鼓励和受到大众的认可对他们来说非常重要; 2. 处理问题不会盲从,较为谨慎	1. 要在注重礼仪的前提下,保持进攻的态势,让对方产生紧张不适应之感; 2. 努力营造一对一的谈判形式。说服型群体意识强,他们善于利用他人造成有利于自己的环境氛围,单独工作会使他们的优势无法最大限度发挥; 3. 善于夸奖别人,但是也要注意夸奖的分寸,不能过度
疑虑型谈判对手	1. 对细节观察仔细; 2. 犹豫不定,对问题考虑慎重,不敢轻易下结论。在关键时刻,如签合同、选择方案等问题上,不能当机立断	1. 提出的建议和方案务必准确具体,避免使用"大概""差不多"等模棱两可的词语,要观点清楚,论据充分; 2. 谈判中耐心、细心十分重要,切忌催促、逼迫对方,免得加重他的疑心; 3. 在陈述问题的同时,留出充足的时间让对方思考,并提出详细的数据说明; 4. 在谈判中要尽量保持诚实的态度,便于为下次的合作奠定良好的基础

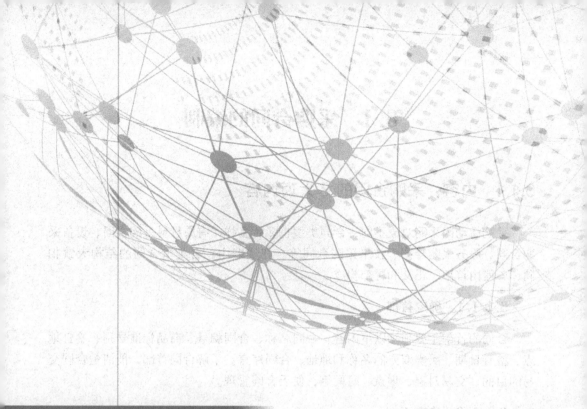

第6章

采购合同管理

6.1 采购合同的编制

6.1.1 内容：采购合同的 3 大项内容

采购活动因采购对象不同，合同类型也多种多样，有原材料采购合同、设备采购合同、服务采购合同、技术采购合同等。在实践中，各类型合同的结构大致相同，一般由首部、正文和尾部构成。

6.1.1.1 确定首部

合同的首部主要包括以下内容：合同名称、合同编号、商品标准号别、签订地点、签订日期、买卖双方的名称和地址、合同序言。了解合同首部，能清楚合同交易的目的、交易对象、地点、时间等，便于合同管理。

6.1.1.2 确定正文

合同的正文主要包括以下 9 项内容：商品的名称、规格、型号、等级、单位、数量、单价、总价；货物质量要求；包装、运输要求；交货时间、地点、方式；验收标准及验收方法；付款方式；产品的售后服务；违约责任及赔偿；解决争议的办法。

6.1.1.3 确定尾部

合同的尾部主要包括以下 5 项内容：合同的份数、附件与合同的关系、合同的生效日期和终止日期、双方的签字盖章、合同的签订时间。

6.1.2 细节：采购合同编制的 11 个细节

合同正文是供需双方议定的主要内容，是采购合同的必备条款，是供需双方履行合同的基本依据。采购人员在编制采购合同时，需编制合同中的数量条款、价格条款、质量条款、支付方式、包装、装运、保险、仲裁、不可抗力等合同条款。

6.1.2.1 质量条款

产品质量是指产品具有的内在质量与外观形态的结合，包括各种性能指标和外观造型。

（1）合同质量条款的基本内容

合同中质量条款的基本内容有：合同中的质量条款，通常应列明商品名称、规格或等级、标准、牌名等。

（2）订立质量条款的注意事项

为了避免交货质量与采购合同不符，可以在合同的质量条款中做出变通规定，其常见的做法是规定质量变动幅度和质量公差。订立质量条款的注意事项如图 6-1 所示。

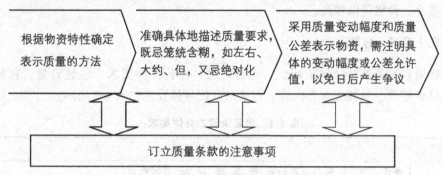

图 6-1　订立质量条款的注意事项

6.1.2.2　价格

价格是指单价和总价。单价即价格是指交易物品每一计量单位的货币数值。总价指全部商品价值的总和。单价要由计价货币、单位商品货币金额、计量单位、价格术语四部分组成。

6.1.2.3　数量

（1）计量标准

物资不同其计量的单位也不同，通常物资的计量标准包括 6 种，物资的计量标准如表 6-1 所示。

表 6-1　物资的计量标准

计量标准	实际应用范围
按重量计算	◆适用于公斤、磅、盎司等，多应用于天然产品及制品，如钢铁、矿砂、羊毛等
按个数单位计算	◆适用于套、打、件、双等，多用于工业制品及一般杂货
按体积计算	◆适用于立方米、立方英尺等； ◆按体积成交的商品不多，如应用于木材、化学气体等商品
按长度计算	◆适用于米、英尺等，多应用于纺织品金属、绳索等商品
按面积计算	◆适用于平方公尺、平方英尺等，多用于纺织品、玻璃等商品
按容积计算	◆适用于公升、加仑、蒲式耳等，多用于小麦、谷类及大部分液体商品

（2）订立数量条款应注意的问题

采购人员订立数量条款时，要注意以下问题。

① 数量条款的规定要明确具体，包括计算数量的单位和方法，都应该明确具体，避免用"约"字。

② 根据物资的特点，规定溢短装条款，但不是所有物资都加溢短装条款。

③ 要正确处理成交数量和合同价格的关系。大批量成交，价格应有优惠；小批量成交，价格可以稍高。

6.1.2.4 包装

物资包装条款包括包装标识、包装方法、包装材料要求、包装容量、包装质量、环保要求、包装成本等内容。包装条款的具体要求如表 6-2 所示。

表 6-2　包装条款的具体要求

包装条款	具体要求
包装方式	◆单件物资运输包装常用箱、筐、篓、桶、袋、坛、瓶等包装； ◆集合运输包装常用托盘运输包装、集装包装和包装袋、集装箱运输包装； ◆散状物资如木材、盐、煤、矿砂、大豆等，不包装，直接装船、车； ◆大型成件的物资，不加包装而运输，如汽车、内燃机车等
包装费用	◆一般包括在货价之内，不另计价； ◆如果购方提出需要特殊要求，额外的包装费用由购方负担； ◆由购方承担费用，如果供方包装技术达不到，也不要轻易接受，以免引起纠纷
包装标识	◆物资包装上运输标识的确定一般按照国际交易习惯，唛头一般由供方决定,而不必在合同中具体规定； ◆如果购方要求使用其指定的唛头,则应在合同中明确规定唛头的具体式样和内容,或规定购方提供唛头式样和内容的期限,以免延误供方按时交货

6.1.2.5 装运

装运是指把物资装上运载工具，并运到交货地点。装运条款的主要内容有：运输方式、装运地点与目的地、装运方式（一次装运还是分批装运，是直达还是中转）。

常见的运输方式有：海洋运输，包括班轮运输、租船运输；铁路运输，包括国内铁路运输、国际铁路运输及国际多式联运；航空运输等。

装运时间又称装货期，是指供方按购销合同规定将货物交付给购方或承运人的期限。在装运条款上双方要注意以下问题。

① 装运时间是合同的主要条款，如果供方违反这一条件，购方有权撤销合同并要求供方赔偿损失。

② 装运港和目的港通常分别各规定一个，按照实际需要，也可分别规定两个或两个以上港口。

6.1.2.6 到货期限

到货期限是指指定的最晚到货时间，以不延误企业生产经营为准，但亦不可提前太多，否则将增加购方的库存费用。

6.1.2.7 检验

在一般的采购过程中，物资的检查验收条款是指按照合同条件对交货进行检查和验收，涉及质量、数量、包装等条款，合同条款内容主要包括检验时间、检验机构、检验工具、检验标准与方法等。

在国际采购商品中，检验指由商品检验机构对进出口商品的质量、数量、包装、残损、环保等进行检验、分析与公证并出具检验证明。

进出口合同中的检验条款主要有有关检验权的规定；检验或复验的时间、地点；检验机构；检验、检疫证书等。

6.1.2.8 付款

采购合同中，付款条款包括支付工具、付款方式、支付时间、支付地点，付款条款的内容如表 6-3 所示。

表 6-3 付款条款的内容

条款内容	具体说明
支付工具	◆支付工具一般有货币和票据两种； ◆货币作为一种支付工具较少使用,在采购付款使用过程中主要的支付工具是票据； ◆票据是通行的结算工具和信用工具,它主要包括汇票、本票和支票
支付时间	◆支付时间一般包括预付款、即期付款、延期付款等
支付地点	◆一般在指定的银行所在地

6.1.2.9 保险

保险是企业向保险公司投保，并交纳保险费。货物在运输过程中受到损失时，保险公司向企业提供经济上的补偿。该条款的主要内容是：确定保险类别及其保险金额，指明投保人并支付保险费。

6.1.2.10 仲裁

仲裁是指发生争议的双方当事人，根据其在争议发生或争议发生后所达成的协议，自愿将该争议提交中立的第三者进行裁判的争议解决制度和方式。仲裁条款是购销双方自愿将其争议事项提交第三方进行裁决，是双方当事人自愿将其争议提交第三者进行裁决的意思表示。

6.1.2.11 不可抗力

不可抗力条款是指合同订立以后发生当事人订立合同时不能预见、不能避免、人力不可控制的意外事故，导致合同不能履行或不能按期履行，遭受不可抗力一方可免除责任，而对方无权要求赔偿。

不可抗力条款的主要内容包括不可抗力的含义、适用范围、法律后果、双方的权利义务。

6.1.3 模板：采购合同模板 1

下面是某企业制定的一则商品采购合同样本，仅供参考。

文书名称	商品采购合同样本	执行部门	
		版本	

供货方：
采购方：
经双方协商一致，本着平等互利的原则，签订本合同，以资双方信守执行。

一、商品情况

1. 商品基本情况表（如下表所示）。

商品基本情况表

品名	种类	规格	单位	数量	备注

2. 商品质量标准，可选择下列几项作为标准。

（1）附商品样本，作为合同附件。

（2）商品质量，按照标准执行。（合格率不得低于　％）

（3）商品质量由双方议定。

3. 商品单价及合同总金额要求如下。

（1）供需双方同意按定价执行。如因原料、材料、生产条件发生变化，需变动价格时，应经供需双方协商。否则，造成损失由违约方承担经济责任。

（2）单价和合同总金额：　。

二、包装方式及包装品处理

1. 按照各种商品的不同，规定各种包装方式、包装材料及规格。

2. 包装品以随货出售为原则，凡需退还对方的包装品，应按铁路规定，说明退还方法，或另作规定。

三、交货方式

1. 交货时间：(略)。

2. 交货地点：(略)。

3. 运输方式：(略)。

四、验收方法

根据交货地点与时间，以及商品种类，规定以　方法进行验收。

五、预付货款

1. 根据供需双方各自需要和接受能力，决定以商品总金额的　%作为预付货款。

2. 采用的　结算方式，付款截止日期为　年　月　日。

六、运输方式

1. 根据实际情况，选择 (□空运□海运□铁路□公路□其他) 作为商品的运输方式。

2. 为保证货物途中的安全，运输单位需投保运输险。

3. 运输费用由供货方负责承担。

七、违约责任

1. 采购方延付货款或付款后供方无货，使对方造成损失，应偿付对方此批货款总价　%的违约金。

2. 供货方如提前或延期交货或交货不足数量者，供货方应偿付需方此批货款总值　%的违约金。采购方如不按交货期限收货或拒收合格商品，亦应按偿付供方此批货款总值　%的违约金。任意一方如提出增减合同数量，变动交货时间，应提前通知对方，征得同意，否则应承担经济责任。

3. 供货方所发货品有不合规格、质量或霉烂等情况，需方有权拒绝付款 (如已付款，应订明退款退货办法)，但须先行办理收货手续，并代为保管和立即通知供方，因此所发生的一切费用损失，由供货方负责，如经供货方要求代为处理，必须负责迅速处理，以免造成更大损失，其处理方法由双方协商决定。

4. 约定的违约金，视为违约的损失赔偿。双方没有约定违约金或者预先赔偿额的计算方法的，损失赔偿额应当相当于违约所造成的损失，包括合同履行后可以获得的利益，但不得超过违反合同一方订立合同时应当预见到的因违反合同可能造成的损失。

八、不可抗力

当事人一方因不可抗力不能履行合同时，应当及时通知对方，并在合理期限内提供有关机构出具的证明，可以全部或部分免除该方当事人的责任。

九、纠纷处理

本合同在执行中发生纠纷，签订合同双方不能协商解决时，可向人民法院提出诉讼 (或申请仲裁机构仲裁解决)。

十、合同修订

合同执行期间，如因故不能履行或需要修改，必须经双方同意，并互相换文或另订合同，方为有效。

采购方（盖章）：　　　　　　　　　　　　　　　供货方（盖章）：

法定代表人（盖章）：　　　　　　　　　　　　　法定代表人（盖章）：

开户银行及账号：　　　　　　　　　　　　　　　开户银行及账号：

　年　月　日　　　　　　　　　　　　　　　　　　年　月　日

6.1.4　模板：采购合同模板 2

下面是某企业制定的一则物资采购合同样本，仅供参考。

文书名称	物资采购合同样本	执行部门	
		版本	

采购方（以下称甲方）：

供应商（以下称乙方）：

依据《中华人民共和国合同法》，经甲乙双方平等协商就下表列物资购销事宜达成以下条款，签订本合同并共同遵守。

一、标的物情况

1. 标的物基本情况表

物资名称	规格型号	计量单位	单价(元)	数量	金额(元)

2. 表格说明（略）

二、乙方保证

乙方保证对所售卖的标的物拥有所有权和处分权，不存在法律纠纷及诉讼，并与国家现行法律法规没有抵触，对供应的标的物的出让是其合法有效的行为。乙方就交付的标的物负有保证第三方不得向甲方主张任何权利的义务。

三、质量要求技术标准

乙方提供的产品必须符合国标及合同约定并提供相应产品质量证明书。

四、交货情况

交货时间、地点、规格、数量、收货人以甲方书面（传真）通知为准。

五、计量方式

按计件或称重计算。

六、包装规定

1. 包装物随标的物转移给甲方。乙方包装物包装应适应运输、装卸、防潮、防雨、防震、防锈等需要，确保标的物安全无损运抵合同约定地点。

2. 标的物的包装、标记和证件，须符合《产品质量法》及技术规格书规定的内容，严格遵守国家有关规定和买方的合理要求。

3. 由于乙方标的物包装不当或采取防范措施不充分，致使标的物损坏或丢失时，乙方均应按照合同的约定负责更换或赔偿。如因乙方原因造成合同标的物的误运，乙方应承担由此发生的额外费用。

七、验收标准

1. 检验标准：乙方提供的产品应符合本合同第三条约定，乙方应随货同发必要文件，如：发货物资清单、出厂质量检验合格证书、化验单、出厂证、钢厂原始检斤单等。

2. 标的物运抵交货地点后，甲乙双方应按乙方提供的发货物资清单对到货数量、外观、规格型号、合格证、质量证明书等进行核对查验。数量验收依据甲方书面发货通知进行，质量验收以质量证明书为依据，并由甲方收货人抽样复测。

3. 数量异议交货当时解决。如有质量异议甲方应在发现标的物质量十日内提出，并书面通知乙方。乙方应在　日内处理。

八、结算方式

1. 甲方每月办理一次结算手续。乙方于每月 20 日前提供国家规定税务发票和材料验收单等必要文件到甲方结算，乙方逾期未办理结算手续的，甲方将不再补办。甲方在办理结算手续后支付当月货款，其中　％货款留作质量保证金，质量保证金在甲方验收使用后　日内无息付清。质量保证金的支付不免除乙方对交付标的物产品质量的保证责任。

2. 付款方式：电汇或银行承兑汇票。

3. 乙方考虑到甲方资金不到位的特殊情况，同意甲方在合理期限内延期付款并不承担延期付款利息。乙方保证有一定的资金能力及合理的标的物库存量，保障及时供应，不影响甲方的正常施工生产。

九、不可抗力

1. 本合同约定的不可抗力指甲乙双方任何一方在签订本合同时不可预见的、遭受影响的一方不能克服和不能避免的，并对本合同的履行产生影响的客观情况。

2. 甲乙双方任何一方遭受不可抗力时应及时通知另一方，以便双方采取必要措施密切配合以减少此事件产生的影响，并在　日内出具权威独立第三方证明文件，双方应就是否继续履行或变更终止合同达成协议。

十、乙方其他义务

1. 在履行期间，应保证甲方所需规格的材料随时满足甲方需要，乙方应在本合同生效后保持合理库存，必要时准备临时储备场（费用由乙方承担）。

2. 乙方应统筹安排运输，确保设备、车辆和人员的正常运转，以满足按时、按质、按量安全地将标的物运到工地，不耽误甲方的正常施工；在途中发生的一切事宜均由乙方自行解决并承担相应费用。

3. 乙方在供应环节（含装、卸及运输过程）中，要保证达到绿色环保要求，如因进料污染环境、噪声等造成的纠纷及损失均由乙方承担。

十一、违约责任

1. 乙方如不能按照甲方要求的期限和数量将标的物运到甲方指定的工地达　　次，甲方有权解除合同；乙方不供货或供货时间、数量、方式和交货地点等不符合合同约定的，承担逾期供货货物总值的　　%违约金，并赔偿给甲方造成的损失。

2. 乙方所供标的物质量不符合约定且不能按甲方要求弥补的，甲方有权扣除乙方相应的质量保证金，并解除合同；乙方所供货品种、规格等不符合合同约定的，应承担无条件退货责任并无条件将所供的不合格材料清理出甲方场地；如给甲方造成损失的，依法承担赔偿责任。

3. 在质量保证期内，如甲方发现因本合同中的货物质量原因而使工程受到损害，经有关国家部门证实后，甲方有权从质量保证金中扣回损失，并保留进一步追究乙方责任的权利。质量保证金的返还不免除乙方对交付货物质量的保证责任。

十二、其他约定事项

1. 如乙方未按合同约定履行义务，甲方有权解除合同，并要求乙方赔偿给甲方造成的一切损失。

2. 乙方不能交付标的物或交付标的物的时间、数量、规格和交货地点、质量等不符合合同约定以及不履行的，甲方有权解除合同并承担由此原因造成的损失，并按逾期交货部分货款总额的　　%向甲方支付违约金。

3. 在质量保证期内，因标的物的质量原因而使工程受到投诉损害，经国家有关部门证实后，甲方将从质量保证金中扣回损失，并保留进一步追究乙方责任的权利。

4. 乙方承诺所提供的相关证明证件、税务发票真实有效，如因票据等不合法造成的一切损失由乙方承担，甲方有权从乙方应付料款中加倍扣除。本合同的履行完毕，不免除乙方承担损失的责任，甲方有权向乙方追索。

十三、纠纷解决方式

本合同履行过程中发生的争议，双方友好协商解决；协商不成，双方均可向铁路运输法院起诉。

十四、生效

本合同一式四份，双方各执两份，自双方签字盖章之日起生效至双方履行完毕之日起终止。

采购方（甲方）：（签章）　　　　　　　供应商（乙方）：（签章）
法定代表人：　　　　　　　　　　　　　法定代表人：
委托代理人：　　　　　　　　　　　　　委托代理人：
联系方式：　　　　　　　　　　　　　　联系方式：
开户银行：　　　　　　　　　　　　　　开户银行：
账号：　　　　　　　　　　　　　　　　账号：
　　年　　月　　日　　　　　　　　　　　年　　月　　日

6.2　采购合同审核及签订

6.2.1　要点：7个要点

采购合同审核条款如表 6-4 所示。

表 6-4 采购合同审核条款

审核条款	具体内容
采购商品信息	名称、规格、数量、单价、总价、交货日期及地点,须与请购单及决算单所列相符
付款办法	明确买卖双方约定的付款方式,如一次付款、分期付款
验收与保修	在合同中约定,供应商物料送交企业后,须另立保修书,自验收日起保修一年(或几年),在保修期间如有因劣质物料而致损坏者,供应商应于多少天内无偿修复;否则企业另请第三方修理,其所有费用概由供应商负责偿付
解约办法	在合同中约定,供应商不能保持进度或不能符合规格要求时的解约办法,以保障企业的权益
延期罚款	在合同中约定,供应商须配合企业生产进度,最迟在某月某日以前,全部送达交验。除因天灾及不可抗力的事故外,若逾期,供应商应每天赔偿企业采购金额××%的违约金
保证责任	在合同中约定,供应商应找实力雄厚的企业担保供应商履行本合同所订明的一切规定,保证期间包含物料运抵企业经验收至保修期满为止。保证人应负责赔偿企业因供应商违约所蒙受的损失
其他附加条款	视采购商品的性质与需要而增列

6.2.2 注意点：2个细节

待采购人员将合同审核完毕，没有异议的情况下，双方在合同指定的位置签字并盖章，采购合同即生效。

6.2.2.1 确定签订采购合同的主体

签订采购合同的当事人必须具有法律行为资格，主要是自然人和法人。如果是自然人，必须是公民。与未成年人或不具备完全行为能力的人（如精神病患者）所达成的合同无效。如果是法人，订立合同的能力和资格由法人章程确定。

6.2.2.2 确定采购合同的有效性

① 合同当事人必须在自愿和真实的基础上达成协议。如果合同当事人在另一方的威胁利诱之下签订合同，这种合同无效或者可以取消。
② 合同的标的物和内容必须合法。

6.2.3 流程：采购合同签订流程

采购合同签订流程如图 6-2 所示。

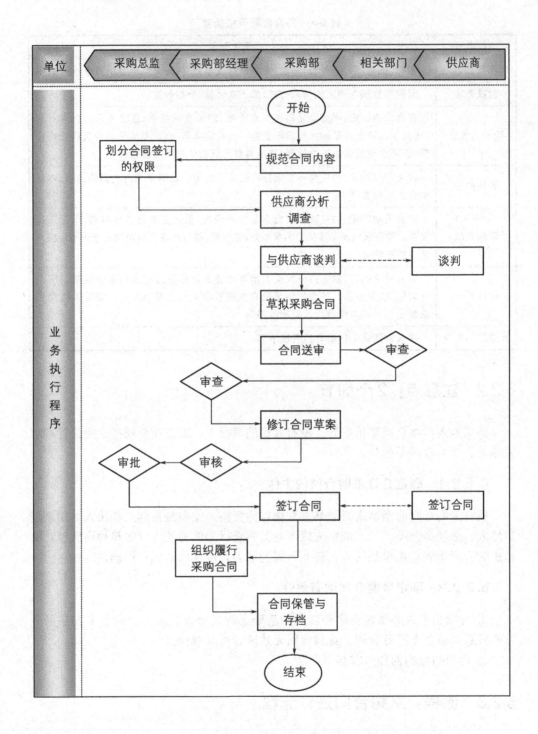

图 6-2　采购合同签订流程

6.3 采购订单管理

采购合同签订后，采购人员即可根据本企业生产、经营的需要，按照各部门的采购申请或采购计划制作订单，定期向供应商出具采购订单，并进行订单的跟踪与执行，直到供应商发货、结款，订单执行完毕为止。

6.3.1 环节：出具采购订单的3个环节

6.3.1.1 发出采购订单

正式的采购订单按照企业的相关规定编号后，由负责相应货品采购的采购人员以适当的形式，如传真、快递、邮件等方式将采购订单发送供应商，实施采购工作。

6.3.1.2 确认采购订单

采购人员应通过电话等形式及时向供应商确认其是否收到采购订单。因为如果对方没有表示接收，则发出的采购订单并不能构成一项合同，采购事项无效。另外，只有当采购订单被确认接收之后，采购方才能确信在约定的日期供应商将发货。如果发货日期不确定，采购方在进行任何有效行动之前都必须了解一些确切的信息。

6.3.1.3 编制采购记录

采购订单确认接收后，采购人员应就同期所采购的货品、物料编制采购记录，填写采购记录表，以便供应商交货时对照采购记录进行接货检验。物资采购记录表如表6-5所示。

表6-5 物资采购记录表

订单号码：　　　　　　货品编号：　　　　　　　　　　　　　　　年　月　日

货品名称				规格说明			生产数量	
目次	材料名称	材料编号	标准用量	本批用量	供应商	单价	订货日期	交货记录

审核：　　　　　　　　　　　　　　制表：

6.3.2　要点：跟踪采购订单的 2 个要点

跟踪采购订单就是采购人员对采购订单执行的全部过程进行跟踪检查，以保证采购订单的正常履行，其目的主要有 3 个方面：促进合同正常执行、满足本企业生产经营的物料需求、保持合理的库存水平。

6.3.2.1　订单执行前跟踪

在采购过程中，同一物料或货品可能有几家供应商可供选择，独家供应商情况除外。虽然每个供应商都有分配比例，但是具体操作时可能会遇到意想不到的情况，比如供应商提出改变"认证合同条款"，包括价格、质量、货期等。因此采购人员在订单发出后应充分与供应商沟通，确保供应商有效接收采购订单，并确认订单信息。

6.3.2.2　订单执行过程跟踪

供应商确认采购订单后，采购订单是具有法律效力的，所以采购人员应全力跟踪，确实需要变更时要征得供应商的同意。在订单执行过程中，采购人员对订单跟踪事项表如表 6-6 所示。

表 6-6　订单执行过程跟踪事项表

具体事项	操作
严密跟踪供应商备货的详细过程	◆发现问题及时反馈,需要中途变更的要立即解决,以保证准时到货
密切关注影响生产需求形势的市场因素	◆如果因市场生产需求紧急,需本批物料立即到货,采购人员应马上与供应商协调,必要时可帮助供应商解决疑难问题,保证所需物料的准时供应; ◆如果市场需求出现滞销,企业经研究决定延缓或者取消本次订单,采购人员应尽快与供应商沟通,确认可承受的延缓时间,或者中止本次订单操作,给供应商赔款
恰当处理库存控制	◆既不能让生产缺料,又要保持最低的库存水平,采购人员应根据本企业生产进度等因素,提前规划好采购物资的到货时间,出现库存过高或过低时,应及时与供应商协调到货时间,保证库存控制在合理的水平上
控制好物料验收环节	◆物料到达订单规定的交货地点,采购人员必须按照要求,对照采购订单,对货品数量、批量、单价等方面进行确认、记录归档等

对于设备、工程等的采购，由于订单周期较长，采购人员在订单执行过程中，除做好跟踪工作外，还要不断了解订单状态，及时填写订单状态报告，以便主管领

导掌握采购进程，以进一步开展工作。表 6-7 是一份设备采购订单的状态报告表范例，采购人员可参照使用。

表 6-7　设备采购订单状态报告表

表单编号				报告日期				报告人		
项目名称				项目经理						
订单编号	设备编码	设备名称	单位	数量	价款(万元)		异常值（万元）	已完成合同值	供货厂商	负责人
					预算	合同				
总结说明										

6.3.3　要点：合同执行后跟踪的 2 个要点

6.3.3.1　货款支付跟踪

供应商按时交货，且经验收没有问题后，采购人员应按合同规定对供应商支付货款，并进行跟踪。如果供应商未收到货款，采购人员有责任督促财务人员按照流程规定加快操作，否则会影响企业的信誉。

6.3.3.2　货品使用质量跟踪

所购物料、货品在使用过程中，可能会出现问题，偶发性的小问题可由采购人员或现场检验者联系供应商解决，重要的问题可由质管人员、认证人员鉴定后，根据所出现的问题责任确定解决方案，由采购人员及时与供应商沟通协调后解决。

6.3.4　流程 1：采购订单下达流程

采购订单下达流程如图 6-3 所示。

6.3.5　流程 2：采购订单变更流程

采购订单变更流程如图 6-4 所示。

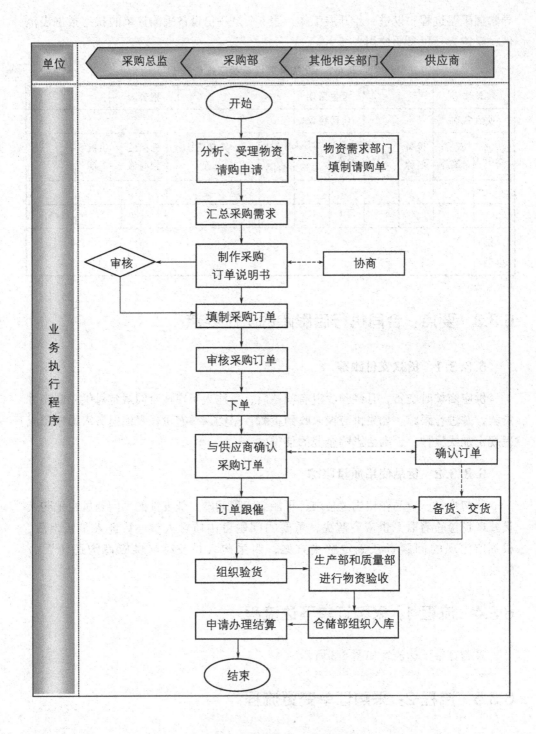

图6-3 采购订单下达流程

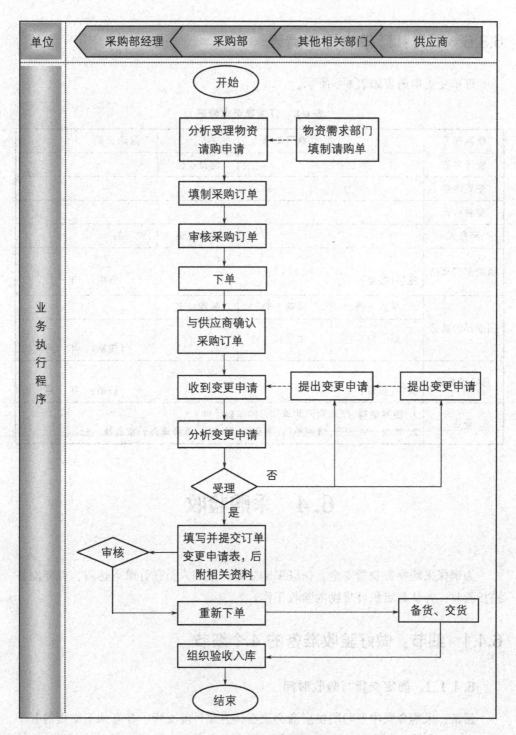

图6-4 采购订单变更流程

6.3.6 工具：订单变更申请表

订单变更申请表如表6-8所示。

表6-8 订单变更申请表

请购部门			原订单号		采购日期	
物资名称				物资规格		
变更内容						
变更原因						
经办人				联系电话		
请购部门意见	签字(盖章)：				日期： 年 月 日	
采购部门意见		采购专员	采购主管	采购经理		
		年 月 日	年 月 日		(盖章) 年 月 日	
总经理意见	签字(盖章)：				日期： 年 月 日	
备注	1. 随附资料：原采购请购单和订购单复印件； 2. 本表一式四份，请购部门、采购部、财务部、总经理办公室各执一份					

6.4 采购验收

为确保采购物资交货安全，保证采购效果，采购人员在订单下达后，就要准备进货验收，并认真组织好货物的验收工作。

6.4.1 细节：做好验收准备的4个细节

6.4.1.1 确定交货与验收时间

通常，采购合同中要写明供应商必须在某月某日前交货，并必须于交货前若干日，先将交货清单送交采购人员，以便采购人员准备、安排验收工作。交货验收时间一般应以采购合同中写明的时限要求为准。

6.4.1.2 确定交货验收地点

交货验收的地点，通常依合同指定地点为主。若预定交货地点因故不能使用，需移转他处办理验收工作时，采购人员应事先通知供应商。一般的交货验收地点如图 6-5 所示。采购人员可根据货物的实际情况、理化性质等，经双方约定，确定最佳的验货地点。

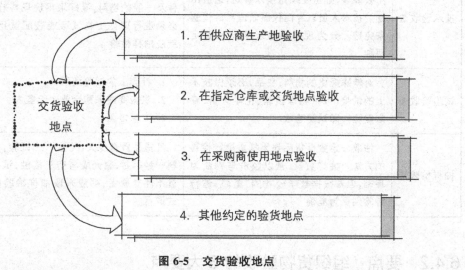

1. 在供应商生产地验收

2. 在指定仓库或交货地点验收

3. 在采购商使用地点验收

4. 其他约定的验货地点

图 6-5 交货验收地点

6.4.1.3 明确采购验收主体

一般而言，国内供应物料的验收工作由买卖双方共同办理，以示公平。如有争执，就提交仲裁。国外采购因涉及国际贸易，常委托公证机构办理。至于涉及理化生物性能或品质问题，则抽样送专门的化验机构，凭其检验报告作为判定的依据。如果买卖双方或者一方具有化验能力，则经双方同意后，也可由双方共同或一方化验。

6.4.1.4 选择货品检验方法

验收工作做得好坏直接影响到所购货品、物料的品质，进而影响生产、成本、销售等各环节，所以采购人员应按自己所在岗位的职责严格控制，选择正确的方法，减少因人为因素造成的验收过程的疏忽以及错误，以提高验收作业的正确性、可靠性。

交货的验收方法很多，而其处理步骤也有区别。货品检验方法解析表如表 6-9 所示。

表 6-9 货品检验方法解析表

检验方法	说明	具体操作
目视验收法	它是所购物料、货品能以一般度量器具按合同规定的数量,予以称量点数的验收方法	使用一般器具对到货物料、货品进行外观、数量等的检验
技术验收法	凡检验物料、货品的理化性能以及使用效能等,都需要采用技术鉴定,这应由专门技术人员以专门仪器做适当的试验来完成。分为现场检验及实验室鉴定两种	对整套机械设备、建筑工程,或简单机件及一般的物料,最好采用现场检验;如必须进行理化生物试验或装配试用等,就应抽样检验
试验验收法	对特殊规格的物料、货品,必须做技术上的试验(包括物理试验、化学分析、专家复验),即试验验收	1. 社会上的试验场所 2. 供应商或采购企业实验室内 3. 专家复验
抽样检验法	抽取一定数量货品作为样本进行检验的方法。抽样数量,常以经济与判断为基础,但若根据数学公式的"量表"进行检验则更为准确	凡货品数量庞大,无法一一试验,或物料一经拆封、露光或与空气接触,试用后就不能复原者,都应采取抽样检验的方式进行

6.4.2 要点:组织货物验收的 3 大要点

做好验收准备,采购人员就可根据约定的时间、地点,组织相关人员进行货物验收工作。货物验收主要从以下 3 个方面进行:点收数量、检验品质、检验交货手续。

6.4.2.1 点收数量

采购人员检验实际交货数量是否与运送凭单或订单所记载数量相符,一般做法就是直接清点,注意在清点时要将数量进行两次确认,以确保准确无误。另外,如果货品数量太多,采购人员可采用抽查方式进行数量清点。

6.4.2.2 检验品质

到货检验主要是采购人员确认接收的货物与订购的货物是否一致。商品的检验还可以用科学的红外线鉴定法等,或者是依照验收的经验及对商品的知识采取各种检验方法。

另外,不管是将所有货品做全面性的检查,还是将货品抽样检查,采购人员都要认真、仔细，尤其是高级品或招牌商品，尽量做全面性检查，而对购入数量大，或是单价低的货品，则采取抽样检查，填写抽样检验表。抽样检验表如表 6-10 所示。

表 6-10　抽样检验表

商品名称	抽样数(%)	验收标准	接收数量

6.4.2.3　检验交货手续

一般在交货时，由供应商列具清单一式若干份，在交货当天或交货前若干天送达采购企业。在清单上要注明交付物料的名称、数量、商标编号、毛重量、净重量，以及运输工具的牌照号码、班次、日期及其他尚需注明的事宜，以供采购企业做验收准备工作之用。

而在交货现场，采购人员应对照供货清单，核对交来货品的种类及数量等，并鉴定一切由于运输及搬运而引起的损害，核对结果并立即编写报告，详细加注于清单上。

6.4.3　环节：验收结果处理的 2 个环节

6.4.3.1　验收结果处理

经过检验，采购人员应根据验收结果，及时对来货进行处理。验收结果处理办法如图 6-6 所示。

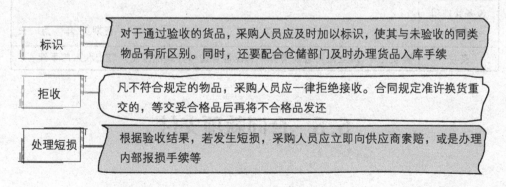

图 6-6　验收结果处理办法

6.4.3.2 填写验收报告

到货验收后，采购人员应及时给供应商出具验收证明书或报告书。如因交货不符而拒收，也必须详细写明原因，以便洽谈办理其他手续。设备采购验收报告单如表 6-11 所示，供读者参考。

表 6-11 设备采购验收报告单

采购专员：　　　　　　　　　　　　　　　　　　　　　　　　日期：　年　月　日

设备名称		规格型号		出厂日期	
出厂编号					
国别及生产厂				到货日期	
单位		数量		主要附件	
单价		经费来源			
验收详细记录	设备外观情况				
	设备数量符合情况				
	技术指标符合情况				
验收人签字	签字：　　　　　　　　　　　日期：　年　月　日				
使用单位验收人意见	签字：　　　　　　　　　　　日期：　年　月　日				
使用单位负责人意见	签字：　　　　　　　　　　　日期：　年　月　日				
设备管理科意见	签字：　　　　　　　　　　　日期：　年　月　日				
备注	验收完毕,应立即持验收报告单到设备管理科办理固定资产登记和入库手续				

6.5　合同款项支付

货款支付是采购过程的重要环节，若采购方在付款问题上引起供应商的不满，则会导致双方关系的恶化，会给以后的采购工作带来不便。因此，采购人员在合同确立的过程中，要与供应商谈妥付款方式，并协助财务人员按合约规定的支付条款对供应商进行付款。

6.5.1 方式：采购的3种付款方式

在采购中，常用的付款方式有预付款、分期付款和延期付款三种。

6.5.1.1 办理预付款

(1) 约定预付款方式

预付适用于市场供应紧张、生产周期较长、其价格受市场供求关系的影响波动较大的物资的采购。采购人员要与供应商签订正式的采购合同或协议，以在发生违约情况时利用法律手段解决。

(2) 预付款办理

预付是采购企业按照采购合同约定，预付给供应商货款的一种支付方式，其目的主要是为了获得稳定的供应，有时也为了解决供应商周转资金短缺问题。预付款办理程序如图6-7所示。

提交预付款申请 — 确定了付款方式后，采购人员应依据合同约定提前向财务部门递交付款申请，以便及时付款、及时采购。付款申请包括付款预申请单、采购合同、需付款物品清单等

跟踪预付款的给付 — 财务部门在付款前要凭采购部提供的购销合同进行审核，无误后上报相关主管领导审批，审批通过后支付相应款项。为了使采购顺利进行，采购人员要与财务部门及时沟通，跟踪申请的审批情况，以便及时付款

与供应商确认货款到账 — 接到财务部门的付款通知后，采购人员还要及时与供应商进行沟通，确认款项到账情况，进而督促供应商发货。如果供应商未收到货款，采购人员有责任督促付款人员按照流程加快操作，以免影响企业的信誉

图 6-7 预付款办理程序

6.5.1.2 办理分期付款

分期付款是指在所采购的产品投产前即交付部分订金，在产品生产的不同阶段再分期支付余下货款，最后一笔货款一般是在交货或卖方承担的质量保证期满时付清。采购人员在处理分期付款的采购项目时的工作流程如下。

(1) 提交付款申请

办理分期付款，采购人员首先应向财务结算部门提交采购资金支付申请，并在摘要栏中注明所购货物名称、发票号码和采购计划文号、序号等。同时，随附采购合同等相关证件资料。

(2) 支付首付款

分期付款申请提交后，采购人员应跟踪申请的审批情况，及时了解付款情况。当财务按照本企业规定，办理完首付款支付手续后，应及时通知采购人员，以便采购人员及时与供应商联络货款到账情况，并督促执行采购合同。

(3) 按约定分期付款

按照合同约定，第一批货品在供应商按时交货后，经验收合格，采购人员应及时向企业财务部门提交采购资金分期付款申请表，随附采购货物验收单，申领当期应付货款，及时与供应商结款，保证采购工作的顺利进行。

6.5.1.3 办理延期付款

延期付款是一种赊销的形式，是通过提供中长期信贷以推动出口，尤其是机器设备出口的一种支付方式。在购买成套设备和进行大宗交易的情况下，由于成交金额较大，采购方一时难以付清全部货款，可采用延期付款的办法。延期付款的具体操作流程如图 6-8 所示。

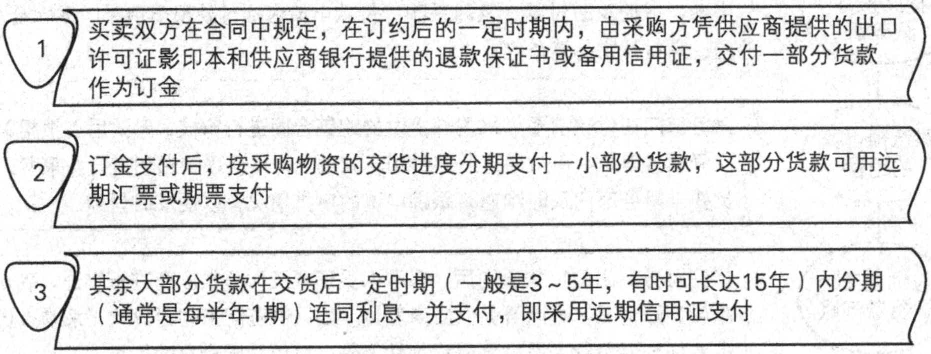

1　买卖双方在合同中规定，在订约后的一定时期内，由采购方凭供应商提供的出口许可证影印本和供应商银行提供的退款保证书或备用信用证，交付一部分货款作为订金

2　订金支付后，按采购物资的交货进度分期支付一小部分货款，这部分货款可用远期汇票或期票支付

3　其余大部分货款在交货后一定时期（一般是3～5年，有时可长达15年）内分期（通常是每半年1期）连同利息一并支付，即采用远期信用证支付

图 6-8　延期付款的具体操作流程

一般情况下，按照合同金额大小及供应期间的长短，货款支付可分为几期，例如：第一期款为预定期（订金），签订合约并办理保证，经认可后给付，其数额以不超过采购总价 30％为限；第二期款，以供应进度至一半或物料运抵企业时再付采购总价的 40％；第三期款（即尾款），在物资运抵采购方经验收合格后给付，但末期应不少于采购总价的 10％。

6.5.2 工具：采购分期付款方式申请表

采购分期付款方式申请表如表 6-12 所示。

表 6-12 采购分期付款方式申请表

申请日期：   单位（元）

采购单位	（签章）	联系人	
		联系电话	
供应商名称		联系人	
		联系电话	
供应商开户行		账号	
采购项目名称		成交金额	
采购项目编号			
采购单位 付款意见	已支付情况(金额与日期)		
	余额		
	现支付意见	单位负责人(签字)： 经办人(签字)：	
采购部意见			
备注			

6.6 退货与换货

6.6.1 依据：退换货的 4 大依据

企业在进行退换货时，凭借的主要依据如图 6-9 所示。

6.6.2 流程：采购退货处理流程

采购退货处理流程如图 6-10 所示。

供应商的退换货
的规则或原则

供应商提供的
单据、凭证

经供应商签字确认
的货物验收报告

退换货协议
相关规定

图 6-9　物资退换货的依据说明图

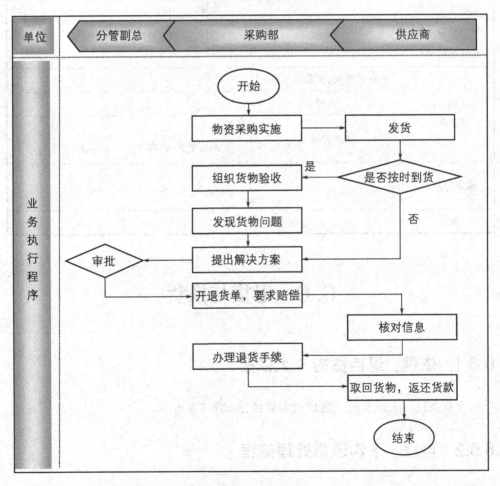

图 6-10　采购退货处理流程

6.6.3 工具1：换货单

换货单如表6-13所示。

表 6-13 换货单

编号：   日期：

物资编号	名称	规格	数量	备注	签章
换货理由					

主管：   填表人：

6.6.4 工具2：采购退货登记表

采购退货登记表如表6-14所示。

表 6-14 采购退货登记表

订单编号	退货名称	退货数量	退货原因			供应商	备注
			质量不合格	数量不符	其他		

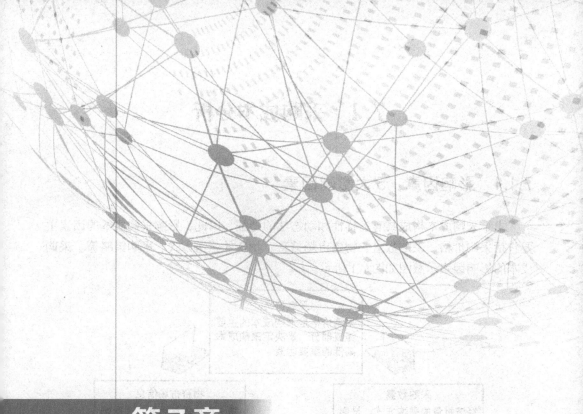

第7章

采购成本控制

7.1 采购成本分析

7.1.1 影响因素：5大影响因素

由于采购成本构成具有多样性和动态性的特征，因此，影响采购成本的因素主要包括采购价格、采购数量、物资市场信息、物资的运送方式、采购策略等。采购成本的影响因素示意图如图7-1所示。

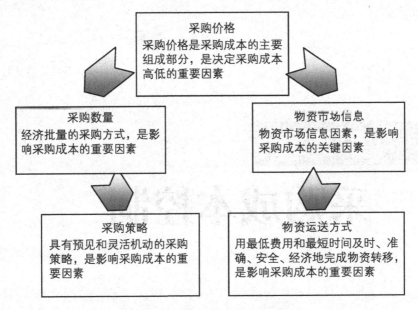

采购价格
采购价格是采购成本的主要组成部分，是决定采购成本高低的重要因素

采购数量
经济批量的采购方式，是影响采购成本的重要因素

物资市场信息
物资市场信息因素，是影响采购成本的关键因素

采购策略
具有预见和灵活机动的采购策略，是影响采购成本的重要因素

物资运送方式
用最低费用和最短时间及时、准确、安全、经济地完成物资转移，是影响采购成本的重要因素

图7-1 采购成本的影响因素示意图

7.1.2 主要内容：包含的4大部分

采购成本是指企业因经营发展的需要，组织相关人员开展采购活动而发生的各项费用。要进行采购成本分析首先需认识采购成本的构成。

采购成本主要包括物资取得成本、订购成本、维持成本和缺货成本四大部分。

7.1.2.1 物资取得成本

物资取得成本是指为获得物资而发生的一系列活动费用的总和，主要包括采购物资货款、运输费用、税金和其他手续费等。

7.1.2.2 订购成本

订购成本是指企业为了完成某次采购活动而支出的各项费用的总和，主要包括采购人员的办公费、差旅费、邮资和通信费等支出。

7.1.2.3 维持成本

维持成本是指为保有采购物资而开展的一系列活动所发生的费用总和，主要包括物资占用资金的应计利息和仓储费用等。

7.1.2.4 缺货成本

缺货成本主要是指因采购不及时造成物资供应中断所引起的损失，主要包括安全存货成本、延迟发货损失、丧失销售机会损失以及商誉损失等。

7.2　采购成本控制

7.2.1　方法 1：订货量计算

7.2.1.1 定期订货法

定期订货法，是按通过预先确定年内各订货时间间隔，并按期进行订货，以补充库存的一种库存控制方法。

(1) 基本原理

定期订货法其决策思路是：每隔一个固定的时间周期检查盘点库存项目的库存量。根据盘点结果与预定的目标库存水平差额确定每次订购批量。

假设需求为随机变化，因此，每次盘点时的储备量都是不相等的，为达到目标库存水平 Q。而需要补充的数量也随着变化。

定期订货法的决策变量为：订货周期 T、目标库存水平 Q，根据订货周期、目标库存水平可计算出每次订货批量，发出订货指令，组织订货。

定期订货法库存量的变化示意图如图 7-2 所示。

(2) 订货周期的确定

订货周期一般根据经验确定，主要考虑制订生产计划的周期时间，常取月或季度作为库存检查周期，但也可以借用经济订货批量的计算公式确定使库存成本最有

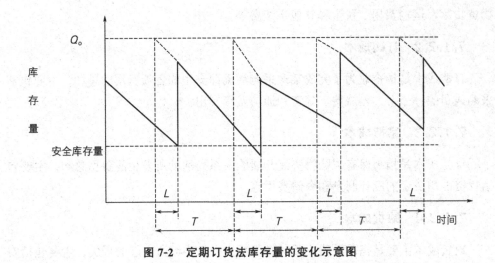

图7-2　定期订货法库存量的变化示意图

利的订货周期。

订货周期的计算公式：订货周期＝360/订货次数＝360×Q/D

式中　D——年需求量；

　　　Q——每次采购的批量。

(3) 目标库存水平的确定

目标库存水平是满足订货期加上提前期的时间内的需求量。它包括两部分：一部分是订货周期加提前期内的平均需求量，另一部分是根据服务水平保证供货概率的保险储备量。

目标库存水平的确定的计算公式：$Q_o=(T+L)\times R+Z\times S$

式中　T——订货周期；

　　　L——订货提前期；

　　　R——平均日需求量；

　　　Z——服务水平保证的供货概率查正态分布表对应的 t 值；

　　　S——订货期加提前期内的需求变动的标准差。

(4) 订购批量的确定

依据目标库存水平可得到每次检查库存后提出的订购量，其计算公式为

$$Q=Q_0-Q_t$$

式中　Q——每次采购的批量；

　　　Q_0——目标库存水平；

　　　Q_t——在第 t 期检查时的实有库存量。

7.2.1.2　定量订货法

定量订货法，是指当库存量下降到预定的最低库存量（订货点）时，按规定数

量（一般以经济批量 EOQ 为标准）进行订货补充的一种库存控制方法。

（1）基本原理

当库存量下降到订货点 R 时，即按预先确定的订购量 Q 发出订货单，经过交纳周期（订货至到货间隔时间）L，库存量继续下降，到达安全库存量 S 时，收到订货 Q，库存水平上升。定量订货法示意图如图 7-3 所示。

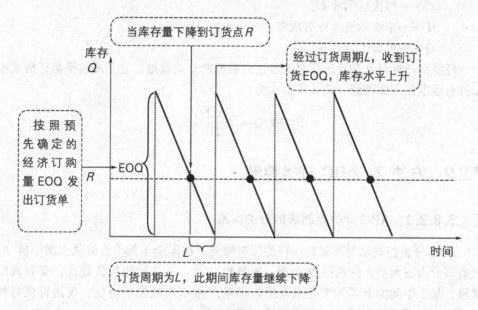

图 7-3　定量订货法示意图

（2）订购点的确定

定量订货法主要靠控制订货点 R 和订货批量 Q 两个参数来控制订货，以达到满足库存需求和降低总成本的目的。

在需求为固定、均匀和订货交纳周期不变的条件下，订货点 R 可由下式确定。

订货点 R 的计算公式：$R = L \times D / 365 + S$

式中　D——每年的需要量；

　　　L——采购提前期；

　　　S——安全库存量。

（3）订购批量的确定

订货批量 Q 依据经济批量（EOQ）的方法来确定，即总库存成本最小时的每次订货数量。通常，年总库存成本的计算公式为：

年总库存成本＝年物资成本＋年订购成本＋年持有成本＋缺货成本

假设不允许缺货的条件下：

年总库存成本＝年购物资成本＋年订购成本＋年持有成本

即

$$TC=DP+\frac{CD}{Q}+\frac{QH}{2}$$

式中 TC——年总库存成本；

D——年需求总量；

P——单位物资的购置成本；

C——每次订购成本；

H——单位物资年持有成本；

Q——批量或订货量。

经济订货批量就是使库存总成本达到最低的订货数量，它是通过平衡订货成本和持有成本两方面得到。其计算公式为：

$$EOQ=\sqrt{\frac{2CD}{H}}$$

7.2.2 方法2：ABC分类控制

7.2.2.1 ABC分类控制法的分类标准

ABC分类控制法对于采购库存的所有物资，按照全年货币价值从大到小排序，然后划分为三大类，分别称为A类、B类和C类。A类物资价值最高，受到高度重视，处于中间的B类物资受重视程度稍差，而C类物资价值低，仅进行例行控制管理。ABC分类控制法的分类标准如表7-1所示。

表7-1 ABC分类控制法的分类标准

物资类型	物资等级	累计品种数占本次采购物资品种总数的比例	累计资金占用比例	库存管理方法
A类物资	特别重要的物资	5%～20%	60%～80%	实行重点管理，定时定量供应，严格控制库存
B类物资	一般的物资	20%～30%	20%～30%	采用一般控制，定期订货，批量供应的方法
C类物资	不重要的物资	60%～80%	5%左右	采取简便方法管理，固定每次的订货量

7.2.2.2 ABC分类控制法的采购控制

采用ABC分类控制法，可以根据不同的物资采取不同的订货渠道和订货方式，及时准确、有效地做好物资质量与成本控制，以便节约成本、提高经济效益。ABC分类控制法的采购控制方法如表7-2所示。

表 7-2　ABC 分类控制法的采购控制方法

类型	采购形式	采购方式	采购控制办法
A 类物资	采取定期订购	对占用资金多的 A 类物资可采取询价比较采购、招标采购方式	◆采购前,采购人员做好准备工作,进行市场调查,货比三家; ◆对大宗材料、重要材料要签订购销合同; ◆材料进场必须通过验收,对材料的质量报告、规格、品种、质量、数量,认真验收合格后入库; ◆进行物资货款结算的检查与调整,及时、有效地纠正偏差
B 类物资	可采用定期订货或定量订货	采购方式可采取竞争性谈判。对于批量不是很大的常用物资和专用物资,订货方式采取定做及加工改制	◆B 类物资虽无须像 A 类物资那样进行精心管理,但其物资计划、采购、运输、保管和发放等环节管理,要求与 A 类物资相同
C 类物资	采用定量订货	C 类物资是指用量小、市场上可以直接购买到的物资,采购方式一般可采用市场采购	◆必须严格按计划购买,不得盲目多购; ◆采购人员要认真进行市场调查,收集采购物资的质量、价格等市场信息,做到择优选购; ◆物资保管人员要加强保管与发放,要严格办理领用手续,做到账、卡、物相符

7.2.3　方法 3：目标成本法

目标成本法是一种以市场为导向,从而推导出的产品成本估算,对产品的制造、生产服务的过程进行利润计划和成本管控的方法。

7.2.3.1　目标成本法的特征

目标成本是目标价格与目标利润之差,目标成本法的特征如图 7-4 所示。

7.2.3.2　目标成本法的运用

目标成本法主要是与寻找产品制造商和服务提供商的竞争能力相关联的。但目标成本法也可被采购人员用在谈判中,具体的运用方式如下所示。

① 确定企业采购物资预支付的目标价格。

② 与供应商一起,明确如何获得含有合理利润的目标价格的途径。

③ 在双方同意的时间间隔或在合同续签时,将改进产品或价格的条款在合同

中明确加注出来。

④ 根据确定供应商提供核心产品的生命周期的预估值，就可以估计在这一特

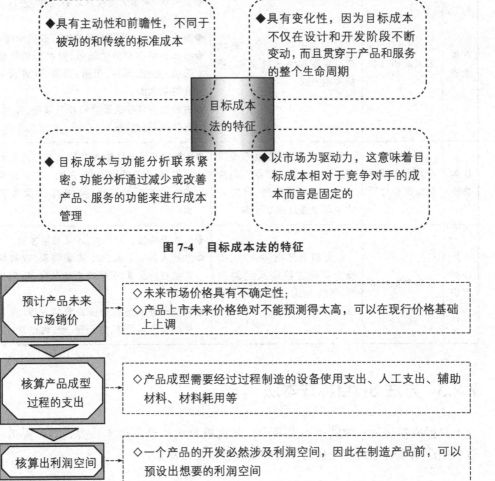

图 7-4 目标成本法的特征

图 7-5 目标成本法的实施步骤

定时间段内供应商所期待的所有需求，这种整体需求可用来协商批量优惠、价格复核等要求。

7.2.3.3　目标成本法的实施步骤

运用目标成本法对采购物资进行定价时，不是一味地、没有目标地谈价、压价，而是运用科学的原理核算出采购产品的价位。目标成本法的实施步骤如图 7-5 所示。

7.2.4　规范：采购成本控制作业规范

下面是某企业制定的一则采购成本控制作业规范，仅供参考。

制度名称	采购成本控制标准化作业规范	编号	
		受控状态	

一、目的

为加强采购成本管理力度，降低采购成本消耗，提高公司市场竞争力，结合公司实际情况，特制定本作业规范。

二、适用范围

采购成本控制作业规范的适用范围如下。

1. 作业信息的起点：采购计划及预算信息。

2. 作业信息的终点：采购成本控制实施的效果信息。

3. 采购成本控制作业的起点：采购成本控制人员编制采购成本控制规范，细化控制措施。

4. 采购成本控制作业的终点：采购成本控制人员编制采购成本控制报告。

三、职责划分

1. 采购部经理负责采购申请的审批、采购费用的报销审批及采购控制措施的监督与指导等工作。

2. 采购部成本控制人员负责采购成本控制具体工作。

3. 采购专员负责采购申请、询价、议价、采购合同执行及相关采购费用的报销工作。

4. 采购部其他人员及其他部门需配合执行采购成本控制规定。

四、采购成本控制要点

公司采购成本控制包含对采购申请、计划、询价、谈判、合同签订、采购订单、物资入库、货款结算等采购作业全过程的控制。采购部应结合公司的具体情况明确采购成本控制关键点，具体内容如下所述。

1. 采购计划与预算控制。

2. 采购请购控制。

3. 选择合理的采购方式。

4. 选择优秀的供应商。

5. 确定最优的采购价格。

6. 确定合理的采购订货量。

7. 采购付款控制。

五、制订科学的采购计划及预算

（一）采购计划的制订与审批

1. 采购专员应根据采购申请、库存情况及物资需求计划制订常备物资采购计划，其他物资采购计划应根据各部门采购申请制订。

2. 采购专员制订好采购计划后经采购经理审核后，报总经理进行审批。

（二）采购预算的制订与审批

1. 采购预算编制人员根据审批通过的采购计划进行采购预算编制，并将采购预算提交财务部审核。

2. 财务部汇总各类预算，并进行采购预算试算平衡，经总经理审批后，采购部严格执行采购预算。

（三）采购计划变更

采购部在采购过程中必须严格执行采购计划，变更采购计划须由总经理签字确认后方可执行。

（四）临时采购或紧急采购

未列入采购计划内的物资如需临时采购或紧急采购，采购部应填写"临时/紧急采购申请表"，经总经理审批后方能进行该物资的采购。

六、采购成本控制措施

（一）请购过程控制

为降低请购过程发生的成本和费用，公司需明确相关人员的职责权限，优化请购审批流程，降低人工费用和请购手续费用。

1. 请购授权审批控制

公司应建立采购授权审批制度，明确审批人对采购作业的授权批准方式、权限、程序和责任等。采购授权审批权限表如下表所示。

采购授权审批权限表

采购项目	采购金额（元）	请购程序			
		申请人	初核人	复核人	核准人
计划内采购	0～10000	采购专员	采购部经理	财务部经理	财务部经理
	10000 以上	采购专员	采购部经理	财务部经理	主管副总
计划外采购	全部	采购专员	采购部经理	财务部经理	主管副总

2. 建立明确的请购审批流程

①使用部门向仓储部发送物资需求单，注明使用部门、物资名称、规格、数量、要求到货日期及用途等内容。

②仓储部根据物资需求情况和存货情况，汇总物资需求信息，将物资需求单传递给采购部。

③采购专员根据物资需求单编制采购申请表及采购预算表，报采购部经理审批。

④采购部经理收到采购申请表和采购预算表后，审核是否在采购计划内，若符合计划，则审批签字后由采购专员将表单转交财务部审查，否则报公司主管副总审批。

⑤财务部审查采购申请表和采购预算表，检查是否在预算内，若在预算内，则经财务部经理审批签字后，交采购专员开展物资采购，若在预算外，则报公司主管副总审查。

⑥计划内采购金额大于1万元的采购项目与任何金额的计划外采购项目，均需由公司主管副总审批签字后方可办理采购业务。

⑦重要物资的请购应当经过使用部门、技术部、采购部等相关人员决策论证后，报公司总经理审批。

⑧紧急需求的特殊请购执行特殊审批程序，由于特殊原因需取消请购申请时，使用部门应通知采购部停止采购，采购部应在采购申请表上加盖"撤销"印章，并退回使用部门。

(二) 采购方式控制

采购部应对不同特点的采购物资选择并采取不同的采购方式，各采购方式的适用情况如下表所示。

采购方式适用情况对照表

采购方式	实施要点	适用范围
招标采购	1. 详列所有条件 2. 发布广告 3. 厂商投标、相互比价 4. 评标、选择供应商	大宗物资的采购，如大宗设备等
议价采购	1. 选择几家供应商询价 2. 比价、议价、选择供应商	一般物资的采购，这是公司普遍采用的采购方式
定价收购	定价现款采购	购买数量巨大，非几家厂商所能全部提供的物资
公开市场采购	公开交易场合或拍卖采购	大宗物资采购

(三) 采购过程控制

采购过程中发生的供应商选择、议价和比价等相关活动直接影响着采购人工费用、管理费用、差旅费、电话费等订购成本，公司须对这些活动进行有效控制。

1. 供应商选择控制

(1) 建立并完善供应商档案

公司对采购供应商建立档案，档案内容包括供应商编号、详细联系方式、地址、付款条件、交货条件、交货期限、品质评级、银行账号等，每一个供应商档案需经严格的审核后才能归档。供应商档案由采购部经理指定专人负责保管，保管人员定期或不定期对其进行更新。

(2) 建立供应商准入制度

公司须制定严格的供应商考核制度和指标，按考核流程对其进行评估，合格者才能归入供应商档案。

（3）拓展供应商渠道

采购人员可通过拓展供应商渠道增加公司选择供应商的机会，同时还能够促使供应商之间展开竞争，有利于本公司降低采购成本。

2. 采购价格控制

（1）采购价格确定

采购部在确定采购价格时，可经过询价、比价、估价、议价四个步骤来确定，具体步骤如下图所示。

询价	◆利用网络、行业协会、市场采价等多种渠道，快速获取市场最高价、最低价、一般价格这三类信息，从而保障采购询价的效率
比价	◆分析各供应商提供的物资规格、品质、性能等信息，建立比价体系
估价	◆成立估价小组（小组由采购管理人员、营运人员、财务人员组成），自行估算出较为准确的底价资料
议价	◆采购部根据底价资料、市场行情、采购量大小和付款期的长短等因素与供应商议定出合理的价格

采购价格确定步骤示意图

（2）采购价格执行

如果实际物资采购价格低于最高限价，公司将给予经办人一定比例的奖励；如果实际采购价格高于最高限价，则必须获得财务部的确认和总经理的批准，同时给予经办人一定比例的罚款。

3. 采购订货量控制

（1）库存信息的反馈

仓储部库管员应每日填写"物资库存日报表"，反映现有存货物资的名称、单价、储存位置、储存区域及分布状况等信息，并及时将此信息报送给采购部。

（2）未达库存信息的反馈

采购部应要求供应商或第三方物流的库房保管人员通过传真、电子邮件等方式，及时提供已订购物资的"未达存货日报表"。

（3）确定安全库存量

采购部应在仓储部的协助下充分研究同期的采购历史记录、下期的销售计划的基础上，考虑物资采购耗时的不同与货源的紧缺程度等，借助历史经验估计、数学模型测算等方法确定安全库存量。安全库存量的确定步骤的方法如下表所示。

安全库存量的确定步骤的方法表

确定步骤	具体方法
预估存货的基准日用量	◆仓储部会同生产部依据去年日平均用量,结合今年销售目标和生产计划,预测常用存货的基准日用量; ◆当产销计划发生重大变化时,应及时对相关存货的日用量做出相应的修正
确定采购作业天数	◆采购专员依据采购作业的各阶段所需时间设定采购作业期限,并将设定的作业流程和作业天数报采购部经理核准; ◆采购部经理结合公司的具体情况和发展规划,核准其作业流程和作业天数; ◆采购部拟订请购作业的相关规范文件传达到有关部门,作为确定请购需求日及采购数量的参考依据
确定安全库存量	◆仓储部根据确定的存货的基准日用量和采购部发布的采购作业天数,预估此期限内的安全库存量

(4) 确定最佳定货量

采购部人员在制订采购计划时,应在充分分析现有存货量(包括供应商或第三方物流的未达存货)、货源情况、订货所需时间、物资需求量、货物运输到达时间等因素的基础上,结合各种货物的安全存货量确定最佳订货量及订货时间。

4. 采购入库及付款控制

(1) 采购物资验收入库

相关人员办理采购物资入库时,必须满足到库物资符合采购订单要求且到库物资经质量管理部检验合格这两个条件,否则仓储部一律不予受理。

(2) 采购费用的支付

支付物资采购费用时,必须同时满足该项费用已经列入当期货币资金支出预算、双方往来账核对无误及"付款申请单"已经财务部经理签字批准这三个条件,否则财务部一律不予结算。

七、编制采购成本控制报告

采购成本控制人员定期编制采购成本控制报告交采购部经理及财务部审核,及时总结经验教训,提出采购成本控制改进措施,力求不断完善采购成本控制工作。

八、相关文件与记录

1. 采购计划及预算表。

2. 采购申请表。

3. 请购审批表。

4. 物资库存日报表。

5. 采购成本控制报告。

编制人员		审核人员		修改人员	
编制日期		审核日期		修改日期	

7.2.5 办法：采购成本控制考核办法

下面是某企业制定的一则采购成本控制考核办法，仅供参考。

制度名称	采购成本控制考核办法	编号	
		版本	

第1章 总则

第1条 目的

为规范本公司采购成本控制工作的考核评估工作，有效控制公司采购成本，提高相关员工的工作积极性，提升本公司的市场竞争力，特制定本办法。

第2条 适用范围

本办法适用于本公司所有物资的采购成本管理工作。

第3条 管理职责

1. 采购部负责提供采购成本考核所需材料，并积极配合采购成本考核工作。

2. 人力资源部负责按照考核周期规定，计划、组织并实施对采购成本控制人员的考核工作，并根据考核结果对相应人员进行奖惩处理。

3. 采购部、财务部及其他相关部门成员组成采购成本评估小组，具体负责下列事项。

(1) 根据公司各部门在采购成本控制工作中的工作成效，并综合成本计划的完成情况，每半年对采购成本管理的相关部门进行一次综合考评。

(2) 考评结束后，由采购成本审小组负责编制并提交采购成本评估报告。

第2章 采购成本管理工作考核

第4条 采购成本考核周期

公司规定采购成本考核工作，按照月度、季度以及年度周期进行，成本考核的具体情况如下表所示。

采购成本控制考核情况一览表

考核周期	考核实施时间	考核结果应用方向
月度考核	次月1日~5日	◆月度员工绩效考核评定
季度考核	次一季度第一个月的1日~10日	◆薪资、职位调整； ◆季度培训计划安排与季度奖金评定
半年度考核	每年1月和7月20日~25日	◆薪资、职位调整； ◆采购成本控制奖金的评定
年度考核	次年1月1日~15日	◆薪资、职位调整； ◆年度培训计划安排与年终奖金评定

第5条　采购成本控制考核办法

人力资源部和采购成本评估小组在执行考核工作时，应主要参照下图所示两种方法进行。

目标管理法	要素评价法
◆运用采购部各项考核指标，通过对比实际成果和目标值，衡量采购成本控制的工作成效	◆将定性考核与定量考核结合起来对采购成本控制工作进行考核

采购成本控制考核办法

第6条　采购成本控制考核指标

人力资源部在进行采购成本控制绩效考核前应确定考核指标并严格执行，采购成本控制考核指标的内容如下表所示。

采购成本控制考核指标一览表

考核指标	考核周期	指标目标值
成本降低指标	年度	成本降低金额达到　万元
平均库存成本	年度	平均库存成本不超过　万元
存货管理成本	年度	不超过公司预算　万元
仓储成本	月/季/年度	月度仓储成本在　万元以下 季度仓储成本在　万元以下 年度仓储成本在　万元以下
装卸成本	季/年度	季度装卸成本在　万元以下 年度装卸成本在　万元以下
差旅成本	月/年度	月度差旅成本在　万元以下 年度差旅成本在　万元以下
缺货成本	月度	月度缺货成本在　万元以下
缺货次数	月/年度	月度缺货次数在　次以下 年度缺货次数在　次以下
进货检验成本	月/年度	月度进货检验成本在　万元以下 年度进货检验成本在　万元以下
失销成本	年度	年度失销成本在　万元以下
客户流失数量	年度	0

第7条 采购成本考核实施控制

相关考核管理人员必须坚持公正、公平、认真、负责的原则和态度，在规定时间内完成考核工作。一经发现渎职现象，将给予相关人员降职、扣除当月考核绩效奖或扣分处理。

采购专员应全面、积极地配合实施绩效考核，不得弄虚作假或隐瞒事实，一经发现，违反者当月考核分数计零，并扣除当月奖金，情节严重者给予停职、降职或辞退处理。

第8条 年度考核结果运用

采购成本控制年度考核的结果可直接应用于本公司员工晋升、培训以及薪酬调整等人事决策上，具体情况如下表所示。

年度考核结果应用对照表

评定等级	分值	考核结果应用
优秀	90～100分	薪酬上调两个等级或升职一级,绩效薪资全额发放
良	80～90分	薪酬上调一个等级,绩效薪资全额发放
中	70～80分	薪酬待遇保持不变,绩效薪资全额发放
一般	60～70分	薪资待遇保持不变,绩效薪资发放80%
差	60分以下	减少5%的基本工资,绩效薪资不发放

第3章 采购成本控制效果评估

第9条 采购成本控制指标

采购成本控制效果评估工作，采购人员可通过比对采购成本控制指标目标值和实际结果进行评估，采购成本控制指标主要包括单价降低金额、年度成本降低金额以及成本降低与预计目标差异三项指标，各指标计算公式如下表所示。

采购成本控制指标计算公式对照表

指标名称	计算公式
单价降低金额	单价降低金额＝原单价－新单价
年度成本降低额	成本降低额＝(原单价－新单价)×年度采购量
成本降低与预计目标差异	成本降低与预计目标差异＝实际成本降低金额(每单位或每年)－预计成本降低金额(每单位或每年)

第10条 采购成本降低的奖励措施

公司应对出色完成采购成本控制任务的员工给予一定的现金奖励，具体标准如下表所示。

采购成本降低的现金奖励对照表

降低方式	具体情况	现金奖励标准
直接降低采购成本	在采购执行过程中,通过降低采购价格、减少运费支出等直接途径	◆直接采购成本降低　元以内的,奖励人民币　元 ◆直接采购成本降低　～　元的,奖励人民币　元 ◆直接采购成本降低　元以上的,奖励降低额度的　%
间接降低采购成本	在采购执行过程中,通过实现采购标准化,提高采购效率等间接途径	◆间接采购成本降低　元以内的,奖励人民币　元 ◆间接采购成本降低　～　元的,奖励人民币　元 ◆间接采购成本降低　元以上的,奖励降低额度的　%

第4章　附则

第 11 条　本办法由采购部、人事部以及财务部共同制定,并负责办法的解释和修订。

第 12 条　本办法经总经理审批通过后,自颁布之日起实施。

编制日期		审核日期		批准日期	
修改标记		修改处数		修改日期	

7.2.6　工具 1:采购成本计算表

采购成本计算表如表 7-3 所示。

表 7-3　采购成本计算表

编号:　　　　　　　　　　　　　　　　　　　　　　　　制表时间:　年　月　日

材料名称	人工费		运杂费		采购价		仓储费		采购成本合计	
	单位成本	总成本	单位成本	总成本	单位成本	总成本	单位成本	总成本	单位成本	总成本
合计										

7.2.7 工具 2：采购成本分析表

采购成本分析表如表 7-4 所示。

表 7-4 采购成本分析表

单位名称：　　　　　　　　编制人：　　　　　　　　　　　　日期：

供应商名称	材料成本	设备折旧分摊	管理费用分摊	人工工资	设备运行费用	运输费用	单位总成本	单位报价	单位利润	利润率（％）

第8章

采购交期控制

8.1 采购跟催

8.1.1 要点：跟催4大要点

8.1.1.1 跟踪订单状况

采购跟单员自订单下达后，应密切跟踪供应商的订单处理、执行情况，及时了解采购物资的确实生产进程、生产质量和运输过程，全面把握订单状况。具体的订单跟踪内容如图8-1所示。

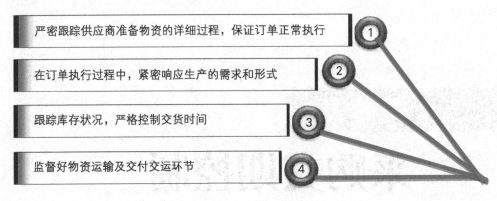

图 8-1　订单跟踪内容

8.1.1.2 确定跟催策略与方法

采购跟单员根据供应商评级情况、订单重要程度以及目前的生产进程情况，确定定期、不定期及重点、非重点的跟催策略或策略组合，并选择合适的跟催方法，开展跟催工作，保证交期的按时完成。

8.1.1.3 各阶段跟催工作

① 下单阶段跟催。此时供应商着手准备订单的生产工作，采购跟单员应确保将质量标准、生产规范等文件交给供应商，并对供应商的物料准备工作提供必要的支持和援助，同时也要对供应商的生产负荷加以调查，从而确认其能否如期交货。

② 生产阶段跟催。此时订单物资已经处于生产阶段，采购跟单员应保证物资的生产进程符合订单的交期要求，对由于各种原因造成的进程缓慢或终止，给予督促和提醒，必要时协助其进行生产或另择供应商。

③ 交货阶段跟催。此时订单物资已基本完成生产，采购跟单员应密切跟踪物资的运输状况和验收状况，保证物资按时运到交货地址，对验收不合格的情况，应根据相关制度规定及时予以处理。

交期异常处理

◎ 采购跟单员需在下单后及时跟踪订单情况，及时获取订单交货进度，并与供应商联络，及时获知交期异常情况；
◎ 采购跟单员得知异常后，应及时向采购经理和请购部门反馈信息，以便及时进行补救或调整；
◎ 采购跟单员需采取积极措施尽量挽回损失，可以采用跟催法催交货物，也可依具体情况变更采购订单或替换供应商等

品质异常处理

◎ 供应商发现品质异常且无法自行解决时，应以书面形式将问题反馈给相应的采购跟单员。采购跟单员及时将问题反馈给采购经理，请示解决办法；
◎ 采购部与请购部门协商决定是否进行特采，必要时由采购部召集请购部门到供应商生产现场协助解决异常

下单异常处理

◎ 采购跟单员如发现订单等单据没有及时发出，应立即联系下单人员；
◎ 如发生下单错误的情况，采购跟单员应与供应商协商能否撤单，尽可能避免呆废料。如不能撤单，采购部应与相关部门沟通能否将问题订单内部消化；
◎ 如果订单不能撤销也不能内部消化，责任部门应承担相应的惩罚，并负担损失费用

突发异常处理

◎ 发生重大事故或自然灾害而造成供应商短期内无法恢复生产以及发生突发事故造成原料严重短缺的情况，属于突发异常；
◎ 出现突发异常时，采购跟单员应及时向采购经理汇报，并通过多种渠道了解市场行情，采取一系列有效措施，力求减少损失

图 8-2　订单异常状况及相应处理办法

8.1.1.4 订单异常处理

若跟催工作中，发现订单的异常状况，如进度落后、质量不符合标准等情况，采购跟单员应及时拟订订单异常处理方案，经采购经理审批通过后，督促供应商尽快采取处理措施，必要时可考虑重新选择供应商。订单异常状况及相应处理办法如图 8-2 所示。

8.1.2 方式：采购跟催 2 大方式

采购交期跟催是一种为了使供应商在规定的时间内送达物资而采取的措施。

8.1.2.1 一般跟催

当采购物资并不是重要项目时，通常可进行一般跟催，如用电话进行查询，或要求供应商按期报送进度表。

采购人员向供应商进行跟催，弄清采购物资的备货情况和预计发货日期，如果供应商不能按时交货的，采购人员需要向供应商发送催货通知单，确定确切的交货时间。

8.1.2.2 实地查证

对于重要物资的采购，除可要求供应商按期报送进度表外，还应实地前往供应商工厂访问查证，必要时可派专人驻厂跟催，但此项查证应在合同签订过程中明确。

8.1.3 办法：采购跟催管理办法

下面是某企业制订的一则采购跟催管理办法，仅供参考。

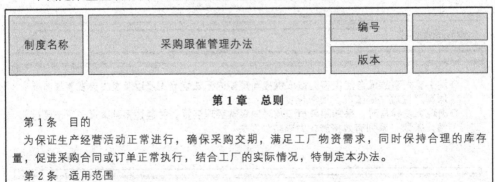

| 制度名称 | 采购跟催管理办法 | 编号 | |
| | | 版本 | |

第 1 章　总则

第 1 条　目的

为保证生产经营活动正常进行，确保采购交期，满足工厂物资需求，同时保持合理的库存量，促进采购合同或订单正常执行，结合工厂的实际情况，特制定本办法。

第 2 条　适用范围

工厂采购部所有采购订单的跟催除另行规定外，均需参照本办法执行。

第 3 条　职责分工

采购跟单员按采购订单所载明的物资、品名、规格、数量及交期等进行跟踪。

第 4 条　采购跟催的基本要求

1. 适当的交货时间。

2. 适当的交货质量。

3. 适当的交货地点。

4. 适当的交货数量。

5. 适当的交货价格。

第 2 章　订单跟踪

第 5 条　采购跟单员需审核订单无误后发给供应商，并要求供应商签字回传，审核内容包括以下三点。

1. 确认订购的物资，包括物资名称、规格型号、数量、价格、质量标准。

2. 确认物资需求量，制订订单说明书。

3. 确认交期。

第 6 条　采购跟单员跟踪掌握供应商物资准备过程，如遇中途相关变更的，需立即解决，不可延误。

第 7 条　采购跟单员需及时发现与生产经营需求紧密联系的物资紧急缺货，并马上联系供应商，必要时可帮助供应商解决疑难问题，保证物资供应及时。

第 8 条　采购跟单员需随时跟踪物资运输过程，确保及时进行到货检验与收货入库。

第 9 条　跟单员与供应商确定到货日期，通知质量管理部检验人员进行物资检验，发现问题时，及时与供应商联系并协商处理检验问题。

第 10 条　跟单员协助采购专员等进行收货接收工作，参与办理物资入库。

第 11 条　采购部需按照合同规定的支付条款进行付款，采购跟单员进行跟踪，督促付款人员按合同约定办理。

第 3 章　催货管理

第 12 条　采购跟单员需明确催货的目的是使供应商在必要的时候送达所采购的物料，确保工厂正常的生产经营活动，减少不必要的损失。

第 13 条　采购跟单员在跟单催货作业时，可采用以下四种方法。

1. 按订单跟催，按订单预定的到货日期提前一定时间进行跟催。

2. 联单法，将订单按日期顺序排列好，提前一定时间进行跟催。

3. 将订单统计成报表，提前一定时间进行跟催。

4. 定期跟催，每周固定时间将要跟催的订单整理好，打印成报表定期统一跟催。

第 14 条　若供应商未按时交货，可能影响工厂正常的生产经营活动，采购部需向供应商发送催货通知，并采取以下措施。

1. 联系供应商，获得确切的交货时间。

2. 及时通知需求部门准确的到货时间。

3. 咨询工艺技术人员、材料工程师等，看有无可替代材料。

4. 如果供应商交货超期或质量差，且短期内无法改善的，采购部应该寻求其他供应货源。

5. 实施紧急采购作业。

第4章　考核与奖惩

第15条　采购部填写"供应商交货基本状况一览表"，对供应商的交货情况进行分析、评估，判定其等级。

供应商交货基本状况一览表

编号：　　　　　　　　　　　　　　　　　　　　　　日期：　年　月　日

序号	供应商编号	供应商名称	所属行业	交货批数	合格批数	特采批数	退货批数	交货评分
1								
2								
3								

审核人：　　　　　　　　　　　　　　　填表人：

第16条　对于一般供应商，采购部采取定期和不定期检查的方式，对供应商交期过程进行跟踪管理。

第17条　对于非常重要的供应商，或者交期过程经常出现问题的供应商，工厂派遣常驻人员，对供应商进行技术指导、监督检查。

第18条　采购部需与非常重要，而且绩效优秀的供应商，建立事业伙伴关系，签订长期采购合同。

第19条　对于按时或提早交货的供应商给予一定的奖励，如比较优厚的付款条件等。

第20条　在采购合同中，尽可能地加重对供应商违约或单方面解约的惩罚。

第21条　跟单员必须保持对供应商的尊重，在跟单与催货的过程中，必须注意言行举止，自觉维护工厂的良好形象。

第5章　附则

第22条　本办法由工厂采购部制定，解释权、修改权归采购部所有。

第23条　本办法经工厂总经理审批后生效，修改废止时亦同。

编制日期		审核日期		批准日期	
修改标记		修改处数		修改日期	

8.1.4　工具：物料跟催表

物料跟催表如表8-1所示。

表 8-1　物料跟催表

物料名称	物料规格	订购数量	交货期限	供应商	说明

8.2　交期控制

交期控制，是指采购人员在发出采购订单或签订采购合约之后，关于如何确保所购材料在交货期限内交付所采取的一切措施。进行交期控制的目的是确保正常生产所需物料的及时供应。

8.2.1　要点：做好交期控制的 2 大要点

8.2.1.1　合理确定交货期限

(1) 规划合理购运时间

采购人员在同供应商进行洽谈时，应事先估算供应商准备、运输、检验等各项作业所需的时间，提出合理的交货期限。并在采购合同中予以明确。

(2) 明确交期违约责任

采购人员在进行采购洽谈时，应当在明确交货期限的基础上，同供应商达成对交期违约责任的共识，并形成合同条款，在采购合同中予以明确。

8.2.1.2　及时掌握备货进度

采购人员需要及时了解供应商的备货进度。供应商的备货时间包括物料准备、工艺准备的时间、物料生产的时间以及物料的运输时间等。

(1) 及时掌握备货进度

在同供应商签订采购合同后，即确定了交货期限。作为采购人员要及时同供应商进行沟通，了解其备货的具体进展，分析判断是否会出现交期延后或提前的情况。

① 订单下达后采购人员请供应商提供生产计划或生产日程表，采购人员根据对方提供的生产计划或生产日程表掌握并督促进度。

② 按时打电话、发传真了解进度，或者由采购人员到供应商处进行实地查看，也可以要求供应商提供目前订单生产的进度状况报告。

③ 进行物料跟催。采购人员在每周固定时间将要跟催的订单整理好，打印成报表，统一定期跟催，进行物料跟催可以及时掌握供料状况，确保交期。

(2) 及时消除进度滞后

当企业采购人员发现供应商供货进度可能会影响正常的交货期限时，应采取措施进行应对。消除进度滞后的措施如图 8-3 所示。

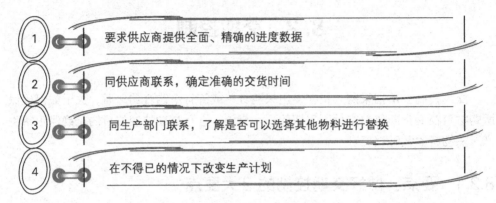

1　要求供应商提供全面、精确的进度数据

2　同供应商联系，确定准确的交货时间

3　同生产部门联系，了解是否可以选择其他物料进行替换

4　在不得已的情况下改变生产计划

图 8-3　消除进度滞后的措施

8.2.2　流程：采购交期控制流程

采购交期控制流程如图 8-4 所示。

8.2.3　工具：采购交期控制表

采购交期控制表如表 8-2 所示。

表 8-2　采购交期控制表

请购单号	请购日期	预定交期	物资名称	供应商	数量	单价	付款情况	交货记录	延迟日期
备注									

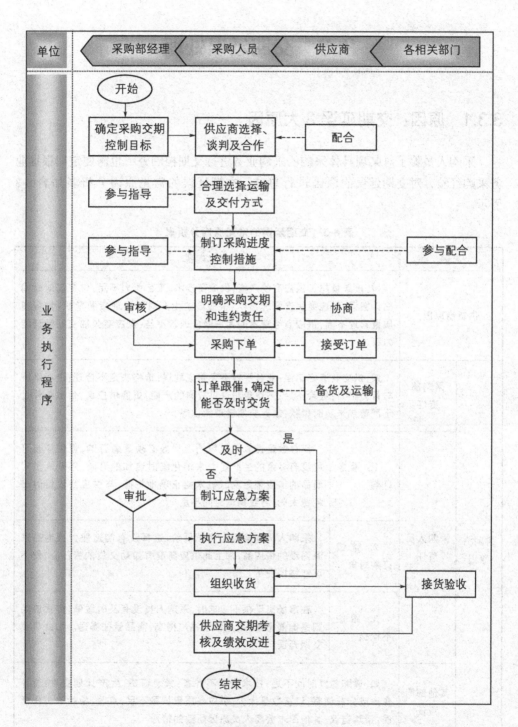

图 8-4　采购交期控制流程

8.3　交期延误处理

8.3.1　原因：交期延误3大原因

采购人员除了对某项具体采购的采购业务进行交期控制外，也需要定期根据业务采购经验，对交期延误的原因进行总结。交期延误的常见原因分析表如表8-3所示。

表8-3　交期延误的常见原因分析表

原因			具体内容
供货商原因			如：接单量超过供应商的产能；供应商技术、工艺能力不足；供应商对时间估计错误；供应商生产管理不当；供应商的生产材料出现货源危机；供应商质量管理不当；供应商经营者的客户服务理念不佳；供应商欠缺交期管理能力等
采购方原因	采购部责任		如：供应商选定错误；业务手续不完整或耽误；价格决定不合理；进度掌握与督促不力；经验不足；下单量超过供应商的产能；更换供应商；付款条件过于严苛或未及时付款；缺乏交期管理意识等
	采购人员责任	1. 紧急订购	库存数量计算错误等情况导致必须紧急订购，但供应商可能没有多余的生产能力来消化临时追加的订单；采购人员对商品的供应来源及时机未能正确地把握；与供应商议价时日耗费太久，导致购运时间不足
		2. 选错订购对象	采购人员可能因为贪图低价，选择没有制造能力或商品来源困难的供应商，加上此供应商没有如期交货的责任心，便不可能按期交货
		3. 跟催不积极	在市场出现供不应求时，采购人员没有及时跟催，但供应商则是谁催得紧，或是谁价格出得高，商品就往哪送。由此导致交期延误
	其他部门责任		如：请购前置时间不足；技术资料不齐备；紧急订货；生产计划变更；设计变更或标准调整；订货数量太少；供应商质量辅导不足；点收、检验等工作延误；请购错误；其他因本公司人员原因所致的情形

原因		具体内容
其他原因	采供双方沟通不良原因	因采购方与供应商双方沟通不良导致交期延误的原因有：未能掌握一方或双方的产能变化；指示、联络不确实；技术资料交接不充分；质量标准沟通不一致；单方面确定交期，缺少沟通；缺乏合理的沟通窗口；未达成交期、单价、付款等问题的共识；等等
	偶发不可抗拒因素	1. 战争　　如内战、地区战争等，均可能随时发生使所需物料受到阻断情形
		2. 自然灾害　　自然灾害主要指如台风、暴雨或地震等不可抗力而事先难以预防的灾害
		3. 经济因素　　经济因素主要指经济危机、通货膨胀以及汇率和利率变动，使供应商生产成本大幅增加，若无适当补偿办法，必然会毁约停产
		4. 政治或法律因素　　主要指政府政策变化，或政府之间关系改变而影响正常商务交往活动，造成无法履约或取得商品供应

8.3.2　措施：3大处理措施

采购人员应针对交期延误的原因，采取相应的对策。

8.3.2.1　针对由供应商原因导致的交期延误

应及时进行催货，并要求供应商根据合同条款承担违约责任。催货通知单如表8-4所示。

表8-4　催货通知单

制单人：　　　　　　　　　　　　　　　　　　　　　　日期：　年　月　日

××公司：
贵公司与本公司签订的下列合同已经到期，至今尚未交货，请于收到本通知一周内办理！ 　　此致 　　　　　　　　　　　　　　　　　　　　　　　　　　　　　××公司

到期未交货物料一览表						
合同签订日期	合同编号	物料名称	数量	单位	约定交货日期	备注

注：本单一式三联，一联送生产部门，一联送仓储部，一联存留备查。

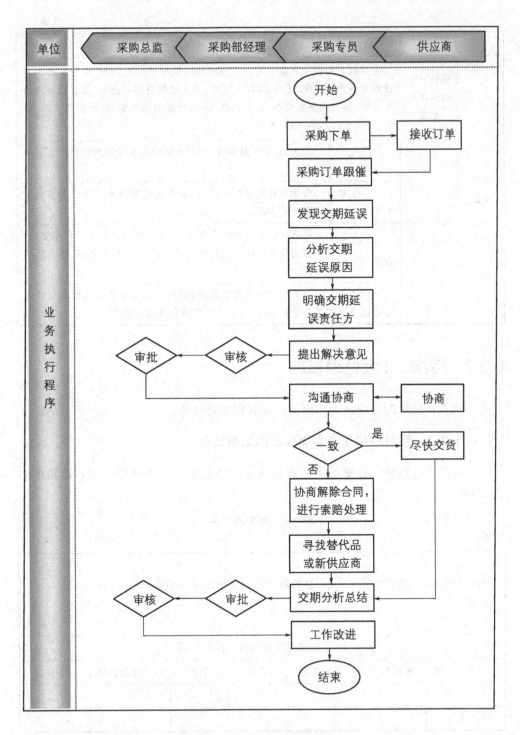

图 8-5 采购交期延误处理流程

8.3.2.2　针对由于采购商原因导致的交期延误

应加强采购人员的交期意识，并通过培训提高采购人员的业务素质。

8.3.2.3　针对其他原因

应加强同供应商的沟通，建立完善、畅通的沟通机制；对于不可抗力，则应当会同供应商及时进行处理，最大限度减少损失。

8.3.3　流程：采购交期延误处理流程

采购交期延误处理流程如图 8-5 所示。

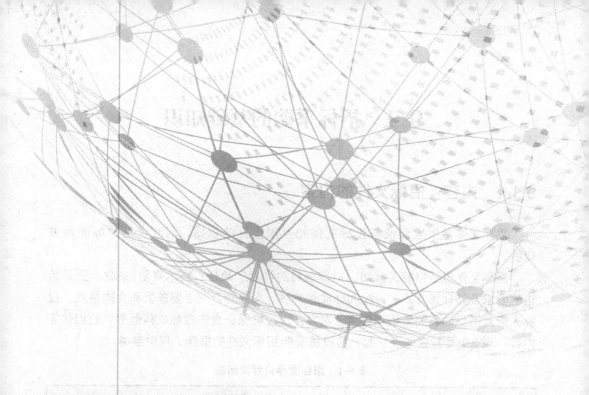

第9章

招标采购

9.1 招标采购的基础知识

9.1.1 内容：招标文件的内容

招标文件是供应商准备投标文件和参加投标的依据，同时也是评标的重要依据。

招标文件包括招标人须知、招标项目的性质、数量；技术规格/条款、招标价格的要求及其计算方式、评标的标准和方法、拟签订合同主要条款和合同格式、投标人应当提供的有关资格和资信证明文件、投标保证金的数额或其他形式的担保等内容。表 9-1 是某企业设计的一份设备采购招标文件的框架，仅供参考。

表 9-1 招标文件内容说明表

内容	具体说明
投标邀请	➤明确文件编号、项目名称及性质； ➤投标人资格要求，不同项目根据性质不同，邀请的投标人资格也不同； ➤发售文件时间应从公告时间开始到投标截止时间之前结束； ➤提交投标文件方式、地点和截止时间
投标须知	➤投标须知中应包括资金来源、投标商的资格要求、原产地要求、澄清程序、投标内容要求、投标语言、投标价格和货币规定、修改和撤销投标的规定、评标的标准和程序、投标截止日期、开标的时间以及地点等
合同条款	➤合同条款包括一般合同条款和特殊合同条款； ➤特殊合同条款是因具体采购项目的性质和特点而制定的补充性规定，是对一般条款中某些条款的具体化，并增加一般合同中未作规定的特殊要求
技术规格	➤技术规格规定的是所购货物、设备的性能和标准； ➤采购技术规格不是要求或标明某一特定的商标、名称、专利、设计、原产地或生产厂家，不得有针对某一潜在供应商或排斥某一潜在供应商的内容
标书编制要求	➤标书是投标商投标编制投标书的依据，投标商必须对标书的内容进行实质性的响应，否则将被判定为无效标（按废弃标处理）
投标保证金	➤投标保证金可采用现金、支票、不可撤销的信用证、银行保函、保险公司或证券公司出具的担保书等方式交纳； ➤招标完成之后应及时退还投标商所押投标保证金，若供应商有违约、违规、违纪的情况发生，应没收其投标保证金
供货表和报价表	➤供货表中应包括采购商品名、数量、交货时间和地点等； ➤在报价表中要填写商品品名、商品简介、原产地、数量、出厂单价、价格中境内增值部分所占的比例、总价、中标后应缴纳的税费、岸价单价及离岸港、到岸价单价及到岸港以及到岸总价等

内容	具体说明
履约保证金	➤履约保证金是为了保证采购单位的利益,避免因供应商违约给采购单位带来损失;一般来说,货物采购的履约保证金为合同价的___%～___%
合同协议书格式	➤主要内容包括协议双方名称、供货范围或工程简介、合同包括的文本以及协议双方的责任和义务等

9.1.2 情形：无效标书的情形

无效标书是指投标人的投标文件没有按照招标文件的要求进行处理或不符合招标文件的要求，而不能进入投标程序。无效标书的情形如图 9-1 所示。

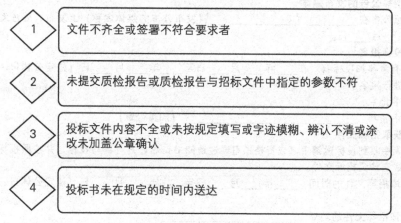

1	文件不齐全或签署不符合要求者
2	未提交质检报告或质检报告与招标文件中指定的参数不符
3	投标文件内容不全或未按规定填写或字迹模糊、辨认不清或涂改未加盖公章确认
4	投标书未在规定的时间内送达

图 9-1　无效标书的情形

9.1.3 范例：招标公告范例

下面是一则招标公告范例，仅供参考。

文书名称	招标公告范例	编号	
		版本	

本公司对于项目_____，采取公开招标的方式进行招标，已经获得有关部门的批准，具体的招标事项公告如下。
一、招标条件
1. 工程名称：_____

2. 项目审批、核准或备案机关名称：＿＿＿＿＿＿＿＿＿＿＿＿＿＿＿

3. 招标单位：＿＿＿＿＿＿＿＿＿＿＿＿＿＿＿＿＿＿

4. 招标人：＿＿＿＿＿＿＿＿＿＿＿＿＿＿＿＿＿＿

二、项目概况与招标范围

1. 工程地点：＿＿＿＿＿＿＿＿＿＿＿＿＿＿＿＿

2. 建设规模：＿＿＿＿＿＿＿＿＿＿＿＿＿＿＿＿

3. 计划工期：＿＿＿＿＿＿＿＿＿＿＿＿＿＿＿＿

4. 资金来源：＿＿＿＿＿＿＿＿＿＿＿＿＿＿＿＿

5. 质量要求：＿＿＿＿＿＿＿＿＿＿＿＿＿＿＿＿

6. 招标范围：＿＿＿＿＿＿＿＿＿＿＿＿＿＿＿＿

三、投标人资格要求

1. 投标人资质要求：＿＿＿＿＿＿＿＿＿＿＿＿＿＿＿

2. 项目负责人资质要求：＿＿＿＿＿＿＿＿＿＿＿＿＿＿＿＿

四、招标公告的发布媒体

本招标公告在＿＿＿＿＿＿＿＿＿＿＿＿＿＿＿＿＿（发布公告的媒体名称）上发布，公告发布时间＿＿＿年＿＿＿月＿＿＿日。

五、投标报名

1. 凡有意参加投标者，在＿＿＿年＿＿＿月＿＿＿日至＿＿＿年＿＿＿月＿＿＿日（法定公休日、节假日除外）进行报名。

2. 报名地点：＿＿＿＿＿＿＿＿＿＿＿＿＿＿＿＿＿＿＿

3. 报名资料：＿＿＿＿＿＿＿＿＿＿＿＿＿＿＿＿＿＿＿（加盖公章）

六、获取招标文件

投标人在收到投标邀请书（或资格预审通过通知书）后，方可参与投标，并按照投标邀请书中相关规定购买招标文件。

1. 获取招标文件的时间：＿＿＿年＿＿＿月＿＿＿日至＿＿＿年＿＿＿月＿＿＿日（法定公休日、节假日除外）。

2. 获取招标文件的地点：＿＿＿＿＿＿＿＿＿＿＿＿＿＿＿＿＿。

3. 获取招标文件的方式：现场购买，提交相关资料＿＿＿＿＿＿＿＿；如需邮寄，另加人民币＿＿＿＿元，通过汇款或电子支付的方式付款，其开户行＿＿＿＿＿＿＿＿，账号＿＿＿＿＿＿＿＿＿。

4. 招标文件的售价：人民币＿＿＿＿元/套，售后不退。

七、投标及开标时间、地点

1. 递交投标的文件的时间＿＿＿年＿＿＿月＿＿＿日，截止投标的时间＿＿＿年＿＿＿月＿＿＿日。

2. 开标的时间＿＿＿年＿＿＿月＿＿＿日，开标地点＿＿＿＿＿＿＿＿＿＿＿＿＿。

八、联系方式

招标人：　　　　　　　　　　　　招标代理机构：

地　址：　　　　　　　　　　　　地　址：

联系人：　　　　　　　　　　　　联系人：

电　话：　　　　　　　　　　　　电　话：

九、备注

（略）。

招标投标监督机构（盖章）

日期：　　年　月　日

9.2 招标采购实施

9.2.1 编制要点：招标文件编制 4 大要点

9.2.1.1 明确供应商要求

招标委员会详细分析招标物资采购项目需要的各种技术指标、参数及质量指标等，并参照以往该类物资的采购数据，明确供应商的技术和质量要求，为后续编写工作做准备。

9.2.1.2 确定具体事宜

招标委员会确定招标工作的具体事宜，如日期、地点、要求等，并填写招标文件申请表，经总经理审批通过后，正式开展招标文件的编写工作。

9.2.1.3 编制招标文件

招标委员会根据具体情况灵活设置招标文件的结构，并完成"招标邀请书""招标技术规范""投标人须知"等主要部分的编写工作。合理编制招标文件是实现招标采购目标的前提条件，招标文件编制要求如图 9-2 所示。

1. 招标文件编制要做到公开、透明，严格按照项目特点确定投标人的资格要求，不得依据"意向中标人"的实际情况确定投标人的资格要求；
2. 科学编制招标文件，合理确定投标人资格要求，尽量扩大潜在投标人的范围，增强市场竞争性；
3. 对投标文件的制作要求作出详细的规定，使投标人按照统一的格式编写投标文件

图 9-2 招标文件编制要求

9.2.1.4 提交审核

招标委员会将编制好的招标文件提交总经理、采购总监审核，经审批通过后，正式完成招标文件的编制工作，并发布招标公告。招标文件的审核要点如图 9-3 所示。

1. 内容是否完整；
2. 是否使用标准文本；
3. 招标文件中的有关时间要求、评标小组代表、评标方法、评标程序、投标保证金递交要求、履约保证金等主要内容是否合法规范

图 9-3　招标文件的审核要点

9.2.2　实施方式：2 种招标方式

招标分为公开招标和邀请招标 2 种。

9.2.2.1　公开招标法

公开招标，是指招标人以招标公告的方式邀请不特定的法人或者其他组织投标。只要符合招标公告对合格投标人的规定，均可以直接向招标人索取招标文件，并按照招标文件的规定参与投标。

9.2.2.2　邀请招标法

邀请招标，是指招标人以投标邀请书的方式邀请特定的法人或者其他组织投标，从中选定中标供应商的一种采购方式。

邀请招标能够依照项目需求特点和市场供应状态，有针对性地从已知了解的潜在投标人中，选择具有与招标项目需求匹配的资格能力、价值目标以及对项目重视程度均相近的投标人参与投标竞争。

9.2.3　实施要点：采购招标 6 大要点

9.2.3.1　组建招标委员会

工厂在进行采购招标工作前，应组织相关人员建立招标委员会，负责招标文件的编制、招标工作的组织、执行等工作。

招标委员会成员应由各采购需求部门的代表人员、采购部的招标负责人员，以及能够提供有关技术、质量、法律等专业帮助的工艺技术部、质量管理部相关人员和法律顾问组成。

9.2.3.2 招标准备工作

① 在开展招标工作前，招标委员会应当做好招标项目规划工作，以便后续招标工作的顺利进行。招标项目规划内容说明如图 9-4 所示。

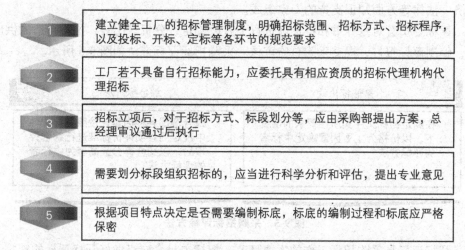

1	建立健全工厂的招标管理制度，明确招标范围、招标方式、招标程序，以及投标、开标、定标等各环节的规范要求
2	工厂若不具备自行招标能力，应委托具有相应资质的招标代理机构代理招标
3	招标立项后，对于招标方式、标段划分等，应由采购部提出方案，总经理审议通过后执行
4	需要划分标段组织招标的，应当进行科学分析和评估，提出专业意见
5	根据项目特点决定是否需要编制标底，标底的编制过程和标底应严格保密

图 9-4　招标项目规划内容说明

② 招标委员会应分析招标物资状况，并组织相关人员确定招标内容、招标方式、投标人要求、评标标准等，编制招标报告，提交采购总监、总经理审核。

③ 招标报告审批通过后，招标委员会依据招标报告，编制招标文件。采购招标文件是招标工作的核心文件，是工厂向供应商提出任务、条件和要求的综合性文件。

9.2.3.3 发布招标公告

招标文件编制完成后，由招标委员会发布招标公告，正式开展招标工作。招标公告应当明确工厂的名称、地址，招标项目的性质、数量、实施地点、时间以及投标人要求等事项。

9.2.3.4 资格预审

招标委员会收集投标者的申报信息，并对投标者的能力、资格等进行审查，确保投标者的品质，筛选出合格的投标商。资格预审是对供应商的基本资格和专业资格进行的评审，基本资格指供应商的合法地位和信誉，专业资格则是指供应商履行采购物资供应的能力。

9.2.3.5 开标与评标

① 开标。工厂向筛选合格的投标商发售招标文件，并接受投标商投递的投标

书，在保证投标书密封的前提下，按照招标文件上规定的时间、地点，当众拆开投标资料，公开投标商的名称、投标价格、有无折扣等相关信息，并允许投标人进行解释。

②评标。工厂应组织建立评标委员会，评标委员会应由招标委员会中具备较高职业道德水平、专业知识和丰富经验，同时具有标书评定能力或提供有关技术、经济、法律等方面知识支持的专家组成。

评标委员会对投标书和投标商进行全方面鉴定、分析、比较，推荐合适的供应商，编制评标报告，提交采购总监审核。采购招标评标方法如图9-5所示。

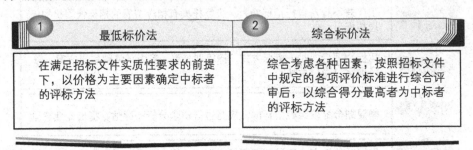

① 最低标价法	② 综合标价法
在满足招标文件实质性要求的前提下，以价格为主要因素确定中标者的评标方法	综合考虑各种因素，按照招标文件中规定的各项评价标准进行综合评审后，以综合得分最高者为中标者的评标方法

图9-5　采购招标评标方法

开标评标是采购招标工作的重要环节，招标委员会应当做好开标评标的管控工作。开标与评标管控工作如图9-6所示。

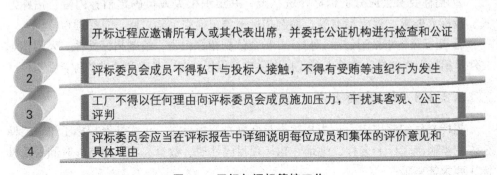

1	开标过程应邀请所有人或其代表出席，并委托公证机构进行检查和公证
2	评标委员会成员不得私下与投标人接触，不得有受贿等违纪行为发生
3	工厂不得以任何理由向评标委员会成员施加压力，干扰其客观、公正评判
4	评标委员会应当在评标报告中详细说明每位成员和集体的评价意见和具体理由

图9-6　开标与评标管控工作

9.2.3.6　定标

评标报告经采购总监审批后，提交总经理。总经理组织办公会议，从推荐的供应商中选择最终中标者。采购部及时向中标供应商发送中标函，并将招标结果通知所有投标单位。

9.2.4　流程：招标采购业务流程图

招标采购业务流程图如图9-7所示。

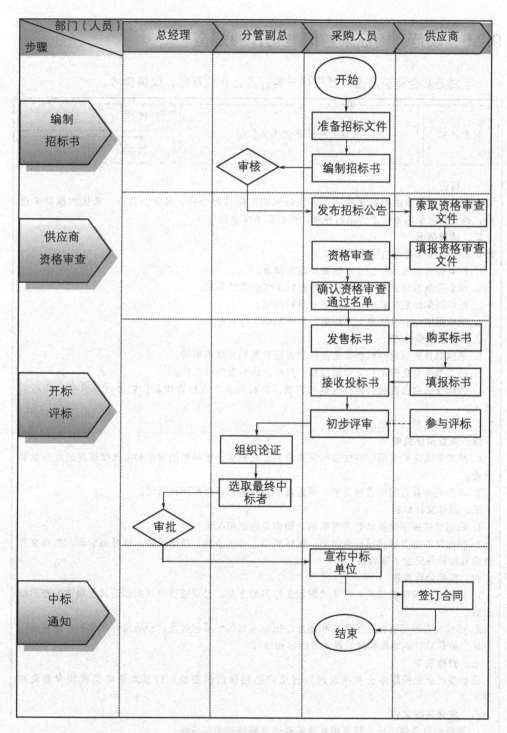

部门（人员） 步骤	总经理	分管副总	采购人员	供应商
编制 招标书		审核	开始 准备招标文件 编制招标书	
供应商 资格审查			发布招标公告 资格审查 确认资格审查 通过名单	索取资格审查 文件 填报资格审查 文件
开标 评标	组织论证 选取最终中 标者	审批	发售标书 接收投标书 初步评审	购买标书 填报标书 参与评标
中标 通知			宣布中标 单位 结束	签订合同

图 9-7　招标采购业务流程图

9.2.5 规范：招标采购标准化作业规范

下面是某企业制定的一则招标采购标准化作业规范，仅供参考。

制度名称	招标采购标准化作业规范	编号	
		版本	

一、目的

为规范公司物资的招标采购行为，保证采购招标按照公开、公平、公正、择优的原则来进行，确保公司采购招标工作顺利开展，特制定本作业指导书。

二、适用范围

招标采购作业指导书的适用范围如下。

1. 作业信息的起点：企业招标采购需求信息。

2. 作业信息的终点：招标委员会作招标工作的总结信息。

3. 招标采购作业的起点：企业招标采购申请。

4. 招标采购作业的终点：招标委员会作招标工作总结。

三、管理职责分工

1. 采购部负责组建招标委员会及合同签订后的相关采购事项。

2. 招标委员会负责招标文件的编制、开标、评标及定标工作。

3. 评标委员会负责制订评标规则和方案、对投标文件进行评审和比较并推荐合格的中标候选人。

4. 其他相关部门予以配合。

四、成立招标机构

1. 采购部确定采用招标方式进行采购后，应在招标开始前根据国家相关法律规定成立招标委员会。

2. 本公司未具备招标资格之前，需邀请中介机构组织开展招标活动。

五、招标文件编制

1. 招标文件由招标委员会负责编制，须由总经理审核通过。

2. 招标文件至少包括招标邀请书、投标须知、合同条款、技术规格、投标报价表、投标文件格式和投标保证金7项内容。

六、招标公告发布

1. 招标文件编制完成后，在正式招标工作开始之前，公司通过公共媒体及其他渠道发布招标公告。

2. 招标公告包括招标人的名称和地址、招标项目的性质和数量、招标文件收取的费用和获取方法、招标项目的地点和时间要求等内容和事项。

七、资格预审

招标委员会或招标中介机构及时对提交资格预审的供应商进行基本资格预审和专业资格预审。

八、发售招标文件

1. 招标委员会将招标文件直接发售给通过资格预审的供应商。

2. 在没有资格预审程序的情况下，应将招标文件发售给任何对招标通告做出反应的供应商，并要求其收到后立刻通知公司采购部。

九、接收投标文件

1. 招标委员会在招标公告规定的截止日期前接收投标文件，在截止日期后收到的投标文件应不予开启并及时退还。

2. 招标委员会应对收到的投标文件签收备案并向投标方提供签收证明。

十、组建评标委员会

招标委员会负责成立评标委员会，由其负责对收到的投标书作出评价，并用统一的评标标准评选出中标候选人。

十一、制订开标、评标方案

（一）开标方案制订

1. 开标会议开始之前，招标委员会及时制订开标方案，确定开标会议议程。

2. 开标会议的时间和地点必须和招标公告中规定的一致。

3. 招标委员会工作人员及时联系参加开标会议的人员，确认所有关键与会者均能到场。

（二）评标方案制订

招标委员会和评标委员会一同及时制订评标方案，规定好评标工作的流程、标准、评标方法等相关事项。

十二、开标

1. 招标委员会按照招标通告中规定的时间、地点公开进行开标，并由招标委员会方人员主持开标会议。

2. 由招标负责人以公开的方式检查投标文件的密封情况，确认无误后开始唱标。

3. 唱标时，需当众宣读投标书，对于投标文件中含义不明确的地方，允许投标人作简要解释，但解释范围不能超过投标文件记载的范围或改变投标文件的内容。

4. 由招标方专人负责做开标记录。

十三、评标

1. 评标委员会对所有投标文件进行审查，将不符合招标文件基本条件的投标确认为无效。

2. 评标委员会针对投标文件中不明确的地方允许投标人进行适当的澄清和解释。

3. 评标委员会按照招标文件中确定的评标标准和方法对投标文件进行评审和比较。

4. 评标委员会及时撰写评标报告，并向招标委员会推荐1～3个中标候选人。

十四、定标

1. 招标委员会从评标委员会推荐的中标候选人中确定中标人。

2. 一般情况下排位第一的中标候选人愿意签订采购合同，并且没有收到与其相关的举报和其他信息时，便可确定其为中标人。

3. 中标人因不可抗力或者其自身原因不能履行采购合同的，招标委员会需确定排在中标人之后第一位的中标候选人为中标人。

十五、中标结果核准

1. 确定中标人后，招标单位于5日内持评标报告到招标管理机构核准。

2. 中标结果经招标管理机构核准同意后，招标委员会便可向中标单位发放"中标通知书"。

十六、中标公告发布

1．招标委员会对外发布中标公告，公告内容包括招标项目名称、中标人名单、评标委员会成员名单、本公司的名称和电话等。

2．发布公告的同时，招标委员会应向中标人发出中标通知书。

十七、签订采购合同

1．本公司采购部按照招标文件的规定与中标人签订书面合同。

2．大型招标采购 14 天内签订合同，中小型招标采购 7 天内签订合同。

十八、招标工作总结

招标委员会对本次招标采购进行工作总结，并撰写报告上交总经理。

十九、相关文件与记录

（略）。

9.2.6 范本：招标文件范本

下面是一则招标文件范本，仅供参考。

文书名称	××企业采购招标文件	编号	
		版本	

目录

一、招标邀请书
二、招标采购技术规范
三、投标人须知
四、投标书格式
五、经济合同条款

一、招标邀请书

本公司实施中的××项目采购×××××××，经研究决定采取邀请招标方式选择供应商，经综合比较，鉴于贵公司的良好信誉，特邀请贵公司参与投标。

1．招标文件编号：　　　　。

2．招标货物/服务名称：　　　　。

3．主要技术规格：　　　　。

4．招标文件从　年　月　日起每天（公休日除外）工作时间在下述地址出售，招标文件每套人民币　元（邮购另加　元人民币），售后不退。

5．投标书应附有　元的投标保证金，可用现金或按下列开户行、账号办理支票、银行自带汇票。投标保证金请于　年　月　日　时（北京时间）前递交。

开户名称：

开户银行：

6. 投标截止时间： 年 月 日 时 分（北京时间），逾期不予受理。

7. 投递标书地点： 。

8. 开标时间和地点： 。

9. 若有疑问，请及时与我公司联系。

联系人：

联系电话：

传真：

E-mail：

××公司××项目招标委员会

年 月 日

二、招标采购技术规范

（一）招标采购物料名称及数量（略）

（二）主要技术要求（略）

三、投标人须知

（一）投标资格（略）

1. 投标人的合格性和资格的证明文件。

2. 货物的合格性并符合招标文件规定的证明文件。

（二）招标文件

1. 招标文件的组成。

2. 招标文件的澄清。

3. 招标文件的修改。

4. 招标费用。

（三）投标文件

1. 投标语言。

2. 投标文件的组成。

3. 投标标书格式。

4. 投标报价和数量。

5. 投标保证金。

6. 投标有效期。

7. 投标文件格式、签署。

（四）投标

1. 投标文件的密封。

2. 投标截止日期。

3. 投标文件的修改和撤销。

（五）开标及评标

1. 开标。

2. 评标委员会。

3. 对投标文件的初审和响应性的确定。

4. 对投标文件的评估和比较。

5. 投标文件的澄清。

6. 评标原则及方法。

7. 保密程序。

（六）定标（略）

（七）授予合同

1. 资格后审。

2. 授予合同的准则。

3. 中标通知。

4. 签订合同。

5. 履约保证金。

（八）其他

四、投标书格式

（一）投标函（略）

（二）开标大会唱标报告（略）

（三）投标物料设备数量价格表（略）

（四）企业营业执照影印件（略）

（五）投标企业资格报告（略）

（六）法人代表授权书

（七）投标货物/服务报告

（八）投标货物/服务偏差表

（九）中标人履约保证书

五、经济合同条款

1. 一般条款。

2. 专用条款。

9.2.7 范例1：招标邀请书

下面是某企业制定的一则招标邀请书，仅供参考。

文书名称	招标邀请书	编号	
		版本	

尊敬的＿＿＿公司：

　　因我公司实施中的××项目采购××××××，经研究决定采取邀请招标方式选择供应商。

　　经综合比较，鉴于贵公司的良好信誉，特邀请贵公司参与投标。若有意向，请贵公司在接此函后根据"项目招标文件"的要求进行准备，编制投标书，并在规定的时间内送达我公司指定地点。

　　若有疑问，请及时与我公司联系。

联系人：

联系电话：

传真：

地址：

××公司××项目招标委员会

日期：　年　月　日

9.2.8　范例 2：中标通知书

下面是某企业制定的一则中标通知书，仅供参考。

| 文书名称 | 中标通知书 | 编号 | |
| | | 版本 | |

尊敬的＿＿＿公司：

　　在我公司××××采购招标中，经过综合评审，贵单位获得此次采购（□物资□服务）的供应权。请贵单位务必于　年　月　日前派员持本通知书到我单位洽谈物资供应的具体细节，签订供需合同。

　　顺祝商祺！

××公司××项目招标委员会

日期：　年　月　日

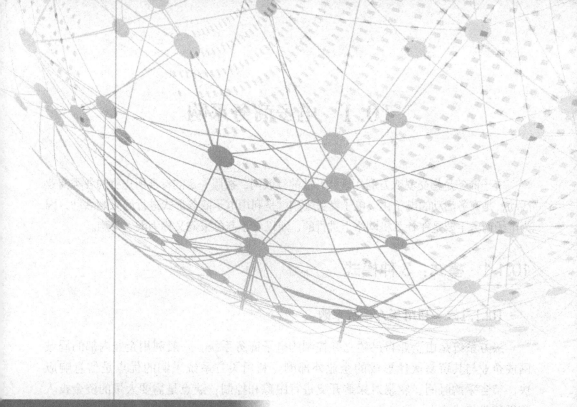

第10章

采购方式管理

10.1　电子商务采购

电子商务是指交易双方利用现代开放的互联网，按照一定的标准所进行的各类商业活动，是商务活动的电子化。电子商务采购就是利用电子商务形式进行的采购活动，因为电子商务主要是在计算机网络上进行的，所以电子商务采购又称为网上采购。

10.1.1　模式：3 种模式

10.1.1.1　利用买方系统采购

买方系统是由企业自己建立并控制的电子商务系统。一般利用企业内部的局域网或企业与其贸易伙伴形成的企业外部网。利用买方系统采购的优点是信息响应快、节省采购时间、容易对采购开支进行跟踪和控制；缺点是需要大量的资金投入和系统维护成本。

10.1.1.2　利用卖方系统采购

供应商为了增加市场份额，以计算机网络作为销售渠道实施的电子商务系统，包括一个或多个供应商的产品或服务。具有容易访问，无任何投资，并能接触到更多的供应商的优点。但采购方难以跟踪和控制采购开支。

10.1.1.3　利用第三方系统采购

第三方系统是既不单独属于买方系统也不单独属于卖方系统，而是多方或第三方在因特网上建立的专业提供服务的系统。采购第三方系统有以下 3 种类型，具体如表 10-1 所示。

表 10-1　采购第三方系统的类型

类型	说明
中介市场	最常见的一种第三方电子市场，由专门的网络采购公司建立，用来匹配企业和多个供应商的在线交易。除了提供技术手段外，网络采购公司还通过咨询和市场分析等活动为企业采购流程增值
采购代理	为企业提供了一个安全的网络采购场所，同时也提供在线投标和实时拍卖等服务，它把技术授权给各企业使用，使其有权访问他的供应商信息
联盟采购	由自愿的企业联盟共同开发和维护，是一组不同的企业把他们要采购的相同或相似的产品在数量上加以累计来增加集体购买力，以便获得价格优惠

10.1.2 步骤：5大步骤

电子商务采购具体是通过建立电子商务交易平台，发布采购信息，或主动在网上寻找供应商、寻找产品，然后通过网上洽谈、比价、网上竞价实现网上订货，甚至网上支付货款，通过网下的物流过程进行货物的配送，来完成整个采购交易过程。

采购人员进行电子商务采购主要包括以下5个步骤。

10.1.2.1　进行采购分析与策划

通过对现有采购流程进行优化，制订出适宜网上交易的标准采购流程。

10.1.2.2　建立网站或加入采购系统

采购系统是进行电子商务采购的基础平台，要按照采购标准流程来组织页面。可以通过虚拟主机、主机托管、自建主机等方式来建立网站，特别是加入一些有实力的采购网站，通过它们的专业服务，可以享受到非常丰富的供求信息，达到事半功倍的效果。

10.1.2.3　发布招标采购信息

采购单位通过互联网发布招标采购信息（发布招标书或招标公告），详细说明对物料的要求，包括质量、数量、时间、地点，以及对供应商的资质要求等。也可以通过搜索引擎寻找供应商，主动向他们发送电子邮件，对所购物料进行询价，广泛收集报价信息。

10.1.2.4　选择供应商

发布招标采购信息后，采购人员应选择供应商。供应商选择流程如图10-1所示。

10.1.2.5　采购实施

采购人员应根据电子商务采购的实施流程进行采购。电子商务采购的实施流程主要包括八步，具体如下。

① 采购方向供应商发送商品订购单，初步说明确定购买的商品信息。

② 供应商对采购方提出的订单信息做出回应，说明提供商品的规格、型号、数量、品质状况等。

③ 采购人员根据供应商的回应情况最终确定采购信息。

1	根据供应商网上资料填报情况，对供应商进行初步筛选，收集投标书或进行贸易洽谈
2	网上评标，按设定的标准进行自动选择或由评标小组进行分析评比选择
3	在网上公布中标单位和价格，如有必要，对供应商进行实地考察
4	采购方和供应商双方签订电子采购合同

图 10-1 供应商选择流程

④ 采购人员向供应商提出交货时间、交运地点、运输工具等要求。

⑤ 供应商发出发货通知，通知采购人员交货时间、交货地点、运输方式等信息。

⑥ 采购人员将收货信息通报给供应商。

⑦ 采购人员向供货方发出汇款通知，供应商通报收款信息。

⑧ 采购人员收到商品，供应商收到货款并向采购人员出具电子发票。

10.2 集中采购

10.2.1 类型：3 种类型

统议统购、统议分购、分议分购是企业集中采购的 3 种主要类型，具体如图 10-2 所示。

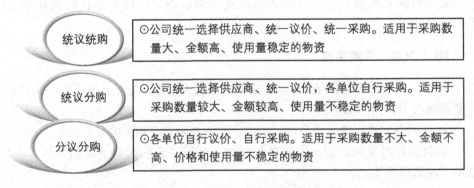

图 10-2 集中采购的 3 种类型

10.2.2 流程：集中采购管理流程

集中采购管理流程如图 10-3 所示。

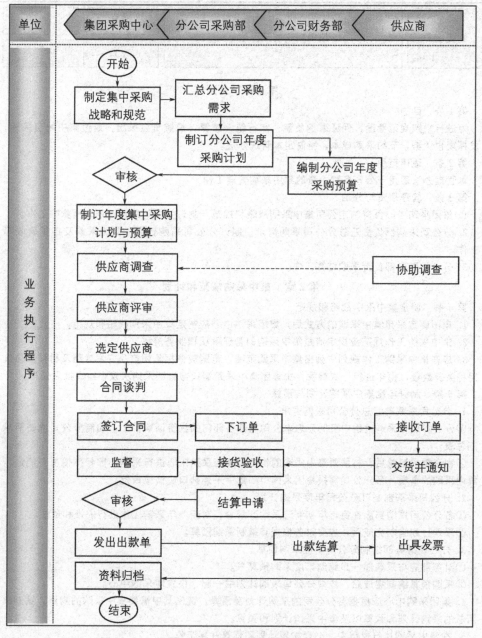

图 10-3 集中采购管理流程

10.2.3　办法：集中采购管理办法

下面是某企业制订的一则集中采购管理办法，仅供参考。

制度名称	集中采购管理办法	编号	
		版本	

第1章　总则

第1条　目的

为进行采购规范管理，保证采购质量，实行统一结算，规避资金风险，通过集中物资采购，发挥规模优势，节约采购成本，特制定本管理办法。

第2条　适用范围

本管理办法适用于公司各种物资的集中采购管理工作。

第3条　管理职责与分工

1. 集团采购中心负责制定公司集中采购战略和规范，制订并执行采购计划与预算等工作。

2. 分公司采购部负责汇总分公司采购需求、制订分公司采购计划、实施采购及接货验收等工作。

3. 分公司财务部负责采购结算工作。

第2章　集中采购规范和计划

第4条　制定集中采购战略和规范

1. 集团确定采用集中采购的方式后，集团采购中心应制定集中采购战略和规范。

2. 集中采购工作规范应规定清楚集中采购的管理事项和业务流程。

3. 应在集中采购工作规划中列出集中采购范围，范围应依据集团产品开发战略及材料部品选用种类及数量，每年进行一次检视，由集团集中采购端口报集团采购决议小组审批后公告。

第5条　制订年度集中采购计划与预算

1. 分公司采购部汇总分公司采购需求。

①分公司应在采购过程中及时汇总本公司内部各部门的物资请购计划，编制分公司物资需求汇总表。

②物资需求汇总后，将需要集中采购的物资报集团采购中心进行采购，因特殊情况不能进行集中采购的事项，各分公司需报集团采购中心集中采购端口协调或审批。

2. 分公司采购部制订分公司年度采购计划。

①各分公司采购部应在每年年初制订采购计划书，对新一年采购工作进行安排和预估。

②采购计划编制完成后，应交财务根据其编制采购预算。

3. 分公司财务部编制分公司年度采购预算。

①财务部应与采购部一起编制年度采购预算书。

②采购预算编制完成后，应与分公司采购计划书一起，报集团采购中心。

4. 集团采购中心应根据各分公司的采购计划及预算，选出其中需要集中采购的物资，编制集团总的采购计划和预算以及集中采购计划和预算。

5. 在集中采购执行过程中，必须按照计划和预算开展工作。

第3章　供应商选择

第6条　供应商调查

1. 集团采购中心应派人对资源市场供应状况、主要供应商状况进行调查，常用的调查方法是问卷调查法。

2. 供应商调查问卷内容中需包括供应商供货水平、产品质量状况、价格水平、生产技术水平、财务状况等基本情况。

3. 集团采购中心应组织人员通过调查表中的信息，按供应商初审流程开展供应商初审工作，剔除不符合要求的供应商。

第7条　供应商评审

集团采购中心应对初筛信息和现场调查结果进行综合评审，并对各项指标进行评分，并加权汇总，排定位次，与排列在前位的供应商签订"供应商质量保证协议"。

第8条　供应商确定

签订完质量保证协议的供应商，即为集团集中采购的合格供应商。

第4章　集中采购执行

第9条　合同谈判

1. 建立合作后，集团采购中心应与供应商进行谈判，并就价格、交货方式、结算方式等事项达成协议。

2. 合同谈判达成一致后，应据此编制采购合同。

第10条　签订合同

1. 集团采购中心应当根据合同金额大小，选定合适的代表，并对其进行授权，由其与供应商签订采购合同。

2. 合同生效即具有法律约束力，公司必须按合同约定全面履行规定的义务，遵守诚实信用原则，根据合同性质、目的和交易习惯履行通知、协助、保密等义务。

第11条　采购订单

1. 各分公司应根据合同签订情况，直接对供应商下订单，要求供应商供货。

2. 如果订单要求超出合同范围的，则应将订单报至集团采购中心，由其与供应商进行协商，采取相应措施。

第12条　接货验收

1. 供应商交货时，需直接交给分公司，以免造成运输浪费。

2. 分公司负责根据合同约定验收，并填写验收记录。

3. 分公司应及时将交货情况反映至集团采购中心，并接受集团采购中心的监督。

第5章　办理结算手续

第13条　结算申请

1. 分公司采购部接收货物并验收无误后，应向集团采购中心提出结算申请。

2. 申请时应编制好结算申请单。

3. 如果因物资质量、交期等问题需要扣款的，分公司采购部和供应商协商并达成一致后，在结算申请单中申明扣款事项。

第14条　结算审核

1. 集团采购中心接收结算申请单后，应及时对其进行检查。

2. 检查过程中应注意检查与合同约定是否一致，并且与采购部上报的接货记录是否对应。

3. 审核完成后，应填制集中采购结算审核单，并注明意见。

4. 审核无误时，集团采购中心应向分公司财务出具出款单。

第15条 出款结算
1. 分公司财务应按照集团采购中心的批示，对供应商实施结算，结算过程中以集团采购中心的出款单为依据。
2. 结算时，应要求供应商随即提供发票。

第6章 附则

第16条 本办法由采购部负责制定、修改及解释。

第17条 本办法经总经理审批通过后生效。

编制日期		审核日期		批准日期	
修改标记		修改处数		修改日期	

10.3 联合采购

10.3.1 形式：2种形式

联合采购是采购活动的一种形式，这种模式具有降低采购价格、节约管理费用、节省前期投入，共享库存资源、减少运输费用的优势。联合采购的2种形式如图10-4所示。

方式一

采购战略联盟

采购战略联盟这种联合是自发的非强制性的联合，各方仍保持各个公司采购的独立性和自主权，彼此依靠相互间达成的协议以及经济利益的考虑联结成松散的整体

方式二

通用材料的合并采购

这种方式主要运用于有互相竞争关系的企业之间，通过合并通用材料的采购数量和统一归口采购来获得大规模采购带来的低价优惠

图10-4 联合采购的2种形式

10.3.2 细则：联合采购实施细则

下面是某企业制订的一则联合采购实施细则，仅供参考。

制度名称	联合采购实施细则	编号	
		版本	

第1章　总则

第1条　目的

为了更好地实现提高工厂的经济效益和降低采购成本的目标，特制定本细则。

第2条　解释说明

联合采购一般是指汇集同行业内数个企业共同的物料需求，向同一供应商订购的采购方式，主要包括如下三种模式。

1. 区域内的企业共同组成的联合采购。

2. 由某一厂商牵头组织的联合采购。

3. 由某一协会组织所组织的联合采购。

第3条　使用范围

本细则适用于工厂联合采购活动相关事项。

第2章　联合采购方式选择与组织组建

第4条　工厂采用联合采购方式的情况

1. 政府对某些需求量少、重要性强的物料实施进口管制，工厂通过联合采购增大采购数量，才能够引起供应商报价的兴趣。

2. 某类物料属于卖方市场，买方实力单薄，通过联合采购方式能够获得谈判优势。

第5条　联合采购组织

联合采购组织的运作情况如下图所示。

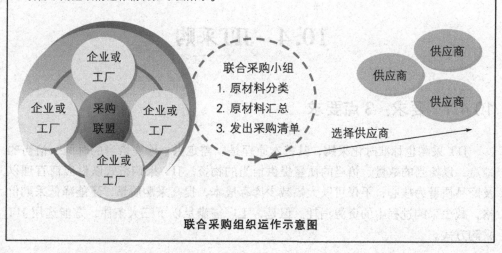

联合采购组织运作示意图

第 6 条　人员职责

1. 采购人员负责制订联合采购计划，参与供应商选择、谈判和联合采购合同履行情况的跟进。

2. 仓储人员负责库存的清点和记录，并向采购人员提供有关数据。

3. 生产人员负责向采购部提供相关的物料需求计划，并及时反馈生产过程中的原料质量问题。

第 3 章　联合采购的实施要点

第 7 条　参加联合采购小组

采购人员可通过参加行业协会组织、接受供应商邀请等方式参加联合采购小组，并注重从成员商业信誉、财务状况、业务范围等方面考察组织的议价能力和执行能力。

第 8 条　确定联合采购物料

采购人员应根据联合采购小组的采购经验、采购项目，确定工厂需要以联合方式进行采购的物料种类。

第 9 条　确定联合采购数量

采购物料的数量将对资金占用、库存成本、生产经验产生重要的影响，采购人员应综合考虑以上因素，确定采购物料的数量。

第 4 章　附则

第 10 条　本细则由采购部负责起草和实施。

第 11 条　本细则经工厂总经理审批后生效。

编制日期		审核日期		批准日期	
修改标记		修改处数		修改日期	

10.4　JIT采购

10.4.1　要求：3点要求

JIT 采购也称准时化采购，其基本原理是以需定供，即在恰当的时间、恰当的地点，以恰当的数量、恰当的质量提供恰当的物资。JIT 采购模式以供应商管理以及产品质量为核心，不仅可以大幅减少库存成本，提高采购质量，还能降低采购价格，减少采购过程中的资源消耗。但是，工厂需满足以下三大条件，方能选用 JIT 采购方式。

10.4.1.1 与供应商的长期战略合作关系

JIT 采购模式，需要在工厂与供应商建立长期互利合作战略关系的基础上方能推行，只有供应商的充分合作，才能保证物料的即时供应。

10.4.1.2 强大的信息技术支持

要适应即时采购供应，企业与供应商之间应保证完整的、及时的信息交流，唯有如此方能使 JIT 采购工作稳定运行。

10.4.1.3 畅通的运输通道

即时供应必然会导致供货频率的增加，因此畅通的运输通道是 JIT 采购的必要基础，这样不仅有利于控制运输成本，还能避免供货延期导致企业的生产经营受损。

10.4.2 细则：实施细则

下面是某企业制订的一则 JIT 采购实施细则，仅供参考。

制度名称	JIT 采购实施细则	编号	
		版本	

第 1 章　总则

第 1 条　目的

为了在保证生产活动持续进行的同时，将库存水平、物料缺陷降到零点，实现在需要的时候将需要的物料送达指定地点的供应方式，特制定本细则。

第 2 条　适用范围

本细则适用于 JIT 采购工作。

第 2 章　组建 JIT 采购小组

第 3 条　组建 JIT 采购小组

采购小组组建工作由采购经理负责，JIT 采购小组成员由采购活动所涉及的各个部门人员组成，包括采购部、财务部、仓储部、人力资源部等。

第 4 条　JIT 采购小组具体职能

1. 主要负责供应商管理，包括供应商信誉、能力的评估，与供应商谈判、签订 JIT 采购合同，以及对供应商开展培训等工作。

2. 主要负责采购成本控制，如订购费用审核、物料价格控制以及供应商维护成本管理。

第3章　JIT采购过程控制

第5条　制订采购计划

为保证准时、按质按量采购生产所需物料，采购小组人员应依据生产计划、物料使用情况制订采购计划，并保持采购批量在较低的水平。

第6条　供应商的选择

采购人员应充分重视与供应商的长期合作关系，注重对供应商合作能力评价，供应商评价标准应包括产品质量、交货期、价格、技术能力、应变能力、批量柔性、交货期与价格的均衡、价格与批量的均衡等。

第7条　进行试点工作

为降低供应风险，采购人员应选择先从某种产品、某条生产线或是某些特定原材料作为试点，进行JIT采购的试点工作。

第8条　交货的准时性

采购人员应向供应商对交货时间、交货方式进行明确，避免因为延迟交货或误点导致生产的中断。

第9条　供应商的培训

采购人员应根据供应商合同履行情况、双方合作问题及时沟通，并对供应商开展有关JIT运作方式的培训工作，促进双方达成一致的目标，共同协调好JIT采购工作。

第4章　附则

第10条　本规范由采购部负责起草和修订。

第11条　本规范经工厂总经理审批后生效。

编制日期		审核日期		批准日期	
修改标记		修改处数		修改日期	

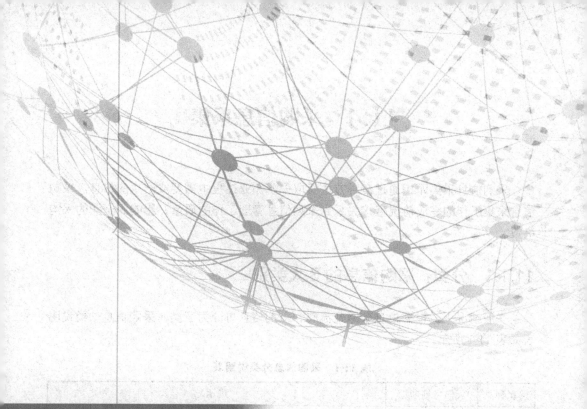

第11章

采购信息管理

11.1 采购信息采集

采购信息采集即指通过各种方法获取采购作业过程中需要或产生的信息。采购信息采集工作的完成情况直接关系到采购信息管理工作的质量，影响到企业的采购决策。

11.1.1 分类：采购信息的 3 大类别

一般情况下，根据信息来源及流向，采购信息可分为三类。采购信息分类说明表如表 11-1 所示。

表 11-1 采购信息分类说明表

信息种类	信息细项	说明
企业内部流向采购部的信息	计划信息	◆该计划可以让采购部了解企业对物资、设备等的长期需求
	销售预测信息	◆准确的销售预测有利于采购部在市场和企业之间找到最佳平衡点
	预算信息	◆做好预算可以帮助采购专员控制采购系统运营费用
	会计信息	◆会计提供的关于供应商的财务信息，可以为采购部选择供应商提供帮助
	生产需求信息	◆了解生产物资在一定周期内的需求项目和数量，可以作为采购部规划采购和供应计划的依据
	新产品信息	◆采购部应及时收集企业相关新产品的信息，为采购工作提供指引
企业外部流向采购部的信息	市场信息	◆包括与采购工作相关的出版物，供应商提供的价格、供求因素等信息
	供应源信息	◆包括从供应商、媒体广告等渠道获得的信息
	供应商能力信息	◆包括供应商的生产能力、生产率及业内的劳动力状况等信息
	产品税费信息	◆包括各类物资价格折扣、关税、增值税、销售税等各种税费信息
	运输相关信息	◆包括各类运输方式及其费用，以及这类信息对采购价格的影响

信息种类	信息细项	说明
采购部流向其他部门的信息	流向高层的信息	◆与采购有关的市场和行业状况等信息
	流向生产部信息	◆采购物资质量信息、发运提前期信息、替代品信息等
	流向市场部信息	◆竞争对手的销售信息、竞争状况信息等
	流向仓储部信息	◆采购物资到货信息、入库验收通知等
	财务部门	◆成本、价格调整、预算等信息

11.1.2　要求：采购信息采集的3点要求

在信息采集过程中，采购员要遵循以下要求，具体内容如图11-1所示。

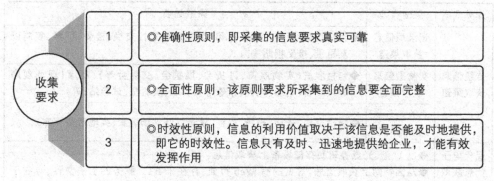

图11-1　采购信息收集要求

11.1.3　方法：采购信息采集的3大方法

采购人员在采集采购信息时，可以采用下列三种方法进行，即网络采集法、媒体采集法和调查采集法。

（1）网络采集法

网络采集法是通过信息网络（主要是 Internet）采集采购信息。利用网络采集信息，可以直接访问与本企业采购工作有密切联系的供应商网站、竞争对手网站、采购专业网站和各类电子商务网站采集采购信息。

（2）媒体采集法

充分利用展销会、报刊、电视、广播等媒体采集采购信息。随时关注与本企业采购需求相关的各类展销会的召开信息，并积极参与，在会议中发掘采购机会。订阅与本企业采购业务相关的报纸、杂志，关注相关的电视、广播节目，从中获取相关有价值的信息。

(3) 调查采集法

采购信息采集的过程实质上是商务调查的过程。对供应商进行调查研究是提高采购信息质量、挖掘高层次采购信息的主要手段。通过超前性采集采购信息可以了解、分析相关市场的现状及发展趋势，取得预测性信息；通过跟踪调查采购信息可以使信息采集反馈保持连续性；通过综合性调查采购信息可以采集一些带有全局性、宏观性和综合性的信息。

11.1.4 渠道：信息采集的 2 种渠道

采购人员一般可以通过以下几种渠道采集信息，具体如表 11-2 所示。

表 11-2 采购信息采集渠道一览表

分类依据	渠道类型	渠道细项
传统信息获取渠道	记录型信息获取渠道	◆包括购买(订购、现购、邮购、委托代购等)、交换、接受、征集、复制以及租借、接受捐赠等方式
	实物型信息获取渠道	◆包括展览(实物展览、订货会、展销会、交易会等)、观摩(现场观摩等)、观看(电影、电视、录像等)、参观(实验室、试验站)等
	思维型信息获取渠道	◆包括交谈、采访、报告、培训、录音以及现场调查、实地考察等方式
现代电子信息获取渠道		◆从 U 盘、光盘等辅助存储设备上获取信息； ◆从因特网上获取信息，常见的有 Web 页面、存于 FTP 服务器上的文件、存在于 BBS 和电子论坛上的帖子、新闻组中的帖子、电子邮件等

11.1.5 规范：采购信息采集作业规范

下面是某企业制订的一则采购信息采集作业规范，仅供参考。

制度名称	采购信息采集作业规范	编号	
		版本	

一、目的

为了提高公司采购信息的质量和信息采集的工作效率，结合本公司的实际情况，特制定本作业规范。

二、适用范围

采购信息采集作业规范的适用范围如下。

1. 作业信息的起点：采购信息采集调查问卷表。

2. 作业信息的终点：采购信息整理和分析信息。

3. 采购信息采集作业的起点：采购部明确采购信息采集的目标、内容。

4. 采购信息采集作业的终点：采购信息为采购部制定采购决策提供依据。

三、管理职责划分

1. 采购部经理负责审核、监控本作业规范，采购信息采集的进度和质量。

2. 采购专员负责制订采购信息的方案和计划，采集、分析采购信息。

3. 采购文员负责整理、录入采购信息。

四、采购信息的内容

一般情况下，公司需要采集的采购信息主要包括以下7类。

1. 供应商信息，包括供应商的资信情况、技术水平、经营状况等。

2. 物资价格信息，包括物资的市场价格水平、制造成本、价格的季节性变动等。

3. 物资信息。包括物资的性能、制造方法、市场用量、供货量等。

4. 采购市场行情，包括市场行情、市场特征、共享情况、价格的变化情况等。

5. 替代品信息，包括新物资的价格、制造方法等。

6. 法律法规信息，采购人员应随时关注本行业的相关法律法规的变动情况，如有更新或变更，要及时整理归档。

7. 案例信息，采购部要定期对各类型采购案例建档，以便不断吸取经验教训，避免采购中出现不必要的失误。

五、采购信息的来源

采购专员一般可以通过以下5种渠道收集信息。

1. 来自现有市场的信息。

2. 来自同行业的信息。

3. 来自供应商的信息。

4. 来自其他行业的相关信息。

5. 来自公司内部相关部门的信息。

六、采购信息的采集方法

常用的采购信息采集方法包括如下表所示的3种。

采购信息的采集方法一览表

采集方法	具体说明
网络采集法	◆通过直接访问与本公司采购工作有密切联系的供应商网站、竞争对手网站、采购专业网站和各类电子商务网站采集采购信息
媒体采集法	◆通过展销会、博览会、报刊、电视、广播等渠道采集采购信息
调查采集法	◆通过商务调查的方法采集采购信息

七、采购信息采集的准备

1. 采购部经理明确采购信息采集的目标、范围。

2. 采购部经理明确采购信息采集人员的职责、任务。

3. 采购专员制订采购信息采集的方案和计划、报采购部经理审批，根据其审批意见修改并执行。

4. 采购文员设计、编制符合信息采集目标和范围的调查问卷、表单。

八、实施采购信息采集

1. 采购专员按照自身职责、任务采集信息。

2. 采购部经理督导信息采集的过程，控制信息采集的进度和质量。

3. 采购专员在采集信息的过程中应注意对采购信息的保密。

4. 采购专员应严格控制信息采集的实施过程，如果发现方案设计有问题，要及时修正，以免出现错误的结论。

九、采购信息的整理

1. 采购文员对采集到的表单进行逐份检查，将合格表单统一编号，以便于数据统计。

2. 采购部经理对表单进行抽样检查，审核信息的质量。

3. 采购文员将所有资料进行编辑、汇总分类，并录入相应的模板之中。

十、采购信息的分析

1. 采购专员选择科学的统计方法，对收集到的信息进行技术分析，审核数据的有效性，并剔除无效信息，通过分析、判断、归档、推理获取需要的信息，为制定采购决策提供重要依据。

2. 采购专员根据分析得到的数据，用定性或定量的方法进行采购预测。

3. 采购专员编制"采购信息分析报告"，并报采购部经理审批。

十一、相关文件与记录

1. 采购信息采集调查表。

2. 采购信息采集方案。

3. 采购信息采集计划。

4. 采购信息分析报告。

编制日期		审核日期		批准日期	
修改标记		修改处数		修改日期	

11.2　采购信息处理

采购信息处理是采购人员选择科学的方法，对收集到的信息进行技术分析，审核数据的有效性，并剔除无效信息的过程。通过分析、判断、归纳、推理获取需要的信息，为制定采购决策提供重要依据。

11.2.1 步骤：信息处理 5 步骤

采购信息处理是将信息缩小、放大、分类、编辑、分析、计算、加工成某种
要求的数据形式。大体包括获取、加工、存储、检索和输出等步骤。如图 11-2
所示。

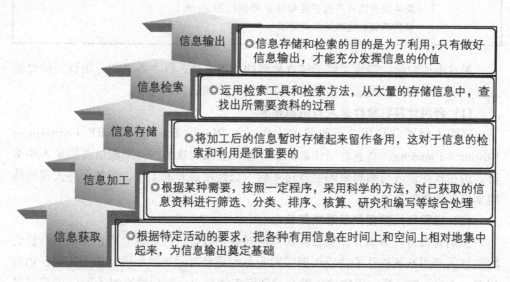

信息输出 ◎信息存储和检索的目的是为了利用，只有做好
信息输出，才能充分发挥信息的价值

信息检索 ◎运用检索工具和检索方法，从大量的存储信息中，查
找出所需要资料的过程

信息存储 ◎将加工后的信息暂时存储起来留作备用，这对于信息的检
索和利用是很重要的

信息加工 ◎根据某种需要，按照一定程序，采用科学的方法，对已获取的信
息资料进行筛选、分类、排序、核算、研究和编写等综合处理

信息获取 ◎根据特定活动的要求，把各种有用信息在时间上和空间上相对地集中
起来，为信息输出奠定基础

图 11-2 采购信息分析处理的步骤

11.2.2 方式：信息处理 2 大方式

通用的采购信息分析处理方式包括两类：人工处理信息方式和计算机处理信息
方式。采购信息分析处理方式的特点说明表如表 11-3 所示。

表 11-3 采购信息分析处理方式的特点说明表

处理方式	优势	不足
人工处理 信息方式	◆处理信息时，人对环境有较强的适应性，可以充 分发挥主观能动性，利用自己的知识、经营及各 种正式或非正式渠道收集信息，支持决策； ◆对难以预料的情况和计算机难以处理的问题， 及时做出反应	◆人工处理信息速度慢，时效 性差； ◆人工处理信息的错误率高； ◆人工处理信息投入过多的人 力，造成人力资源的浪费

处理方式	优势	不足
计算机处理信息方式	◆计算机用于信息处理的优点是迅速、准确、可靠性高、存储量大； ◆计算机处理过程都是按照已经用计算机语言编好的程序进行的，除了用现成的软件产品处理信息外，也可以自己编制相应的计算机程序来解决现有软件产品不能解决的特殊问题，让计算机来满足处理信息的需求	对操作人员及处理软件的要求较高，若这两者条件不具备，则难以达到预期的效果

通过上述介绍，初步了解了信息处理的基本方式，以下将详细介绍计算机处理方式，以便采购人员能够掌握运用计算机进行采购信息的处理。

(1) 利用计算机软件录入与编辑信息

采购人员可以利用常用的基础软件（如 Word、Excel）和 ERP（Enterprise Resource Planning，企业资源计划系统）等专业采购软件进行采购信息的录入和编辑。运用软件录入与编辑采购信息是采购人员经常面对的工作，需要采购人员熟练地掌握其操作技巧。

(2) 运用原始数据供采购决策使用

采购人员可以借助计算机软件的功能对原始数据进行整理分析，提取出有价值的信息。利用基础软件的功能根据采购业务的需求对原始数据进行加工处理，如运用 Excel 的函数计算出采购信息对企业利润率的多少；运用排序对不同供应商提供的同一物资的采购价格进行排序，选出具有价格优势的采购价格信息，这些数据都可以为企业的采购决策提供依据。

11.3　采购信息系统管理

11.3.1　环节：采购信息系统构建的 2 大环节

采购信息系统的构建包括采购管理数据库的设计以及相关软件的选购与安装等。

11.3.1.1　设计采购管理数据库

采购管理数据库的设计过程如图 11-3 所示。

11.3.1.2 选购采购管理与供应软件

采购信息管理通常是利用采购软件进行的，选购恰当的采购管理与供应软件对于采购管理实现信息化至关重要。一般在选购软件时要考虑以下几个因素，具体内容如图 11-4 所示。

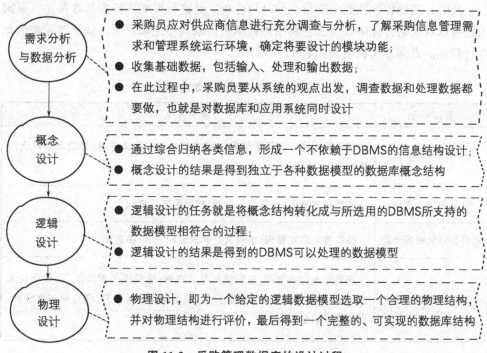

图 11-3 采购管理数据库的设计过程

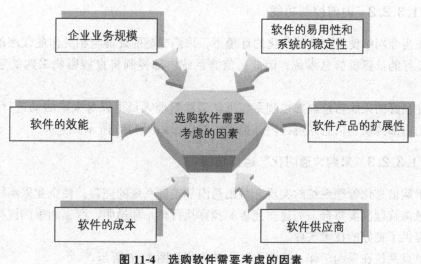

图 11-4 选购软件需要考虑的因素

11.3.2　功能：采购信息系统的 3 大功能

11.3.2.1　采购信息查询功能

及时、准确和完整的采购信息统计与分析，是进行采购决策的基本条件。采购人员可以对采购过程中收集的各种原始数据进行录入与定期更新，便于对采购信息进行查询。查询方式说明表如表 11-4 所示。

表 11-4　查询方式说明表

查询内容	查询方式
对合同进行查询	按采购人统计合同采购量、按供货方统计合同采购量、按货品统计合同采购量
对采购情况查询	按供货方查询、按采购人查询、按采购货品查询
对退货退款情况查询	按负责人退款查询、按供货方退款查询、按货品查询
对账务付款查询	按责任人付款查询、按供货方付款查询、按责任人期间汇总、按责任人欠付款分析、责任人采购金额分析、按供应商期间汇总、供应商欠款分析、供应商采购金额分析

11.3.2.2　内部控制功能

在当今网络使用高度普及化的环境下，采购交易的处理与相关作业程序都必须依赖良好的计算机信息系统，因此，信息系统内部控制将直接影响采购的运营与绩效。

在良好的采购信息内部控制系统下，采购管理人员可以对采购活动进行实时、有效的内部控制。信息系统在内部控制中的作用如图 11-5 所示。

11.3.2.3　采购"透明化"运作功能

采购信息化管理系统的实现，特别是内部控制系统的完善，使企业采购物资流和信息流管理高度整合，为建立完善的预算执行体系和透明、严谨的采购流程控制体系提供了良好的技术条件。

信息系统在采购工作"透明化"中的作用如图 11-6 所示。

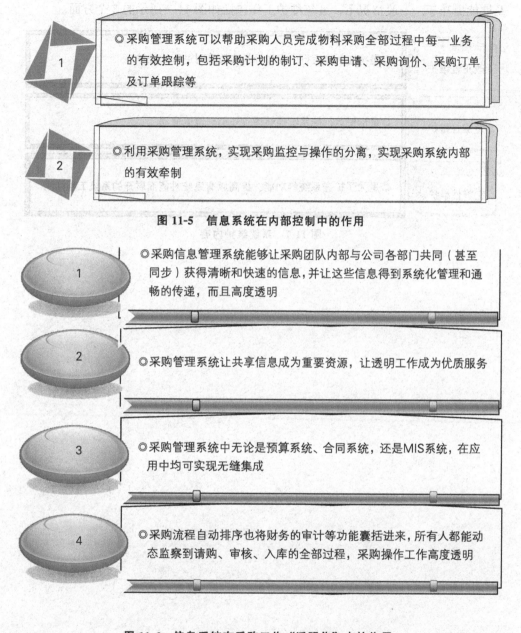

◎采购管理系统可以帮助采购人员完成物料采购全部过程中每一业务的有效控制，包括采购计划的制订、采购申请、采购询价、采购订单及订单跟踪等

◎利用采购管理系统，实现采购监控与操作的分离，实现采购系统内部的有效牵制

图 11-5　信息系统在内部控制中的作用

◎采购信息管理系统能够让采购团队内部与公司各部门共同（甚至同步）获得清晰和快速的信息，并让这些信息得到系统化管理和通畅的传递，而且高度透明

◎采购管理系统让共享信息成为重要资源，让透明工作成为优质服务

◎采购管理系统中无论是预算系统、合同系统，还是MIS系统，在应用中均可实现无缝集成

◎采购流程自动排序也将财务的审计等功能囊括进来，所有人都能动态监察到请购、审核、入库的全部过程，采购操作工作高度透明

图 11-6　信息系统在采购工作"透明化"中的作用

11.3.3　内容：采购信息系统维护的 3 项内容

系统的维护工作不仅包括排除障碍，使其能够正常工作，而且还包括功能扩充

及性能提升等。一般情况下，系统维护工作包括如图 11-7 所示的 3 个方面。

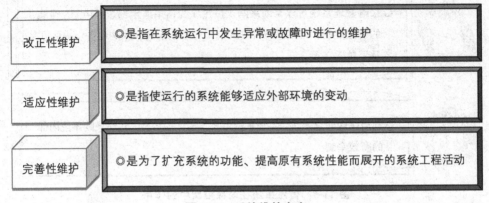

图 11-7　系统维护内容

第12章

采购人员绩效管理

12.1　绩效考核

12.1.1　指标：6大角度设计考核指标

在采购绩效管理工作中，绩效指标设置的合理与否关系着绩效管理工作能否达到改善员工绩效、提高组织绩效的预期效果。

绩效指标设置相关事项如图 12-1 所示。

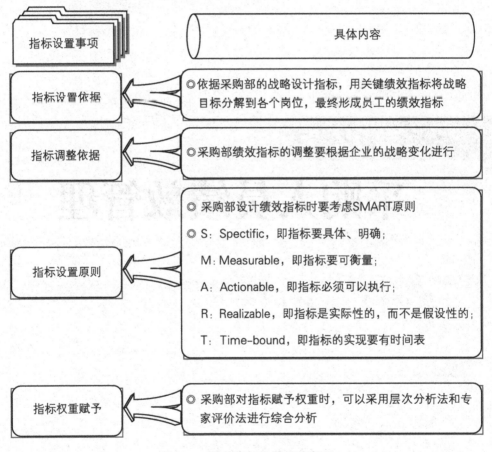

指标设置事项	具体内容
指标设置依据	◎依据采购部的战略设计指标，用关键绩效指标将战略目标分解到各个岗位，最终形成员工的绩效指标
指标调整依据	◎采购部绩效指标的调整要根据企业的战略变化进行
指标设置原则	◎ 采购部设计绩效指标时要考虑SMART原则 ◎ S：Spectific，即指标要具体、明确； M：Measurable，即指标要可衡量； A：Actionable，即指标必须可以执行； R：Realizable，即指标是实际性的，而不是假设性的； T：Time-bound，即指标的实现要有时间表
指标权重赋予	◎ 采购部对指标赋予权重时，可以采用层次分析法和专家评价法进行综合分析

图 12-1　绩效指标设置相关事项

以某工厂的采购绩效指标体系为例，以供参考。其采购绩效指标体系设计如表 12-1所示。

表 12-1　采购绩效指标体系设计

采购绩效指标	具体指标	指标公式/说明
质量 绩效指标	进料验收合格率	$\dfrac{\text{阶段内采购物资合格批次}}{\text{阶段内采购物资总批次}} \times 100\%$
	在制品验收合格率	$\dfrac{\text{阶段内在制品验收合格数}}{\text{阶段内在制品数}} \times 100\%$
	退货率	$\dfrac{\text{阶段内采购物资退货数}}{\text{阶段内采购物资总数}} \times 100\%$
数量 绩效指标	呆废料金额	呆废料原值
	呆料、废料处理损失	呆废料原值－呆废料处理值
	库存金额	库存物资所占金额总数
	库存周转率	$\dfrac{\text{期内出库原材料总成本}}{\text{原材料平均库存成本}} \times 100\%$
时间 绩效指标	紧急采购费用差额	物资正常采购下所发生的费用－物资紧急采购费用
	停工断料损失	停工断料,影响、损失的工时
价格 绩效指标	实际价格与标准成本的差额	实际的物资采购价格－物资标准价格
	实际价格与过去采购 平均价格的差额	实际的物资采购价格－过去采购的平均价格
	当期采购价格与 基期采购价格之比	$\dfrac{\text{本期物资采购价格}}{\text{上期物资采购价格}} \times 100\%$
效率(活动) 绩效指标	采购金额	—
	采购计划完成率	$\dfrac{\text{采购计划完成量}}{\text{同期采购计划总量}} \times 100\%$
	采购成本降低率	$\dfrac{\text{上期采购成本－本期采购成本}}{\text{上期采购成本}} \times 100\%$
	新供应商开发个数	—
	订单处理的时间	—
	错误采购次数	—
管理类 指标	采购人员离职率	$\dfrac{\text{期内采购人员离职人数}}{\text{采购人员平均人数}} \times 100\%$
	协作满意度	相关部门、供应商等对合作的满意程度, 通过问卷调查获得

12.1.2　方法 1：MBO 考核法

MBO 考核法，即目标管理考核法，即按一定的指标或评价标准来衡量员工完成既定目标和执行工作标准的情况，根据衡量结果给予相应的奖励。它是在整个组织实行"目标管理"的制度下，对员工进行考核的方法。

12.1.2.1 确定目标评估周期

目标评估既要及时有效地掌握目标完成情况，又要科学合理地反映目标执行人的绩效，即何时进行评估最合适就显得十分重要。按周期不同可将目标评估分为如图 12-2 所示的 3 种。

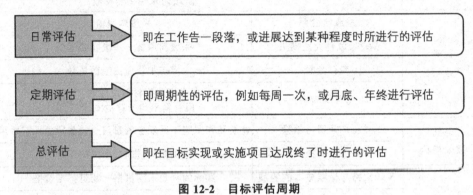

图 12-2 目标评估周期

12.1.2.2 考核实施流程

目前，目标管理考核法被大量应用于企业考核过程中。目标管理考核法操作流程如图 12-3 所示。

图 12-3 目标管理考核法操作流程图

（1）建立工作目标计划表

员工工作目标列表的编制由员工和上级主管共同完成。目标的实现者同时也是目标的制定者，这样有利于目标的实现。工作目标列表的编制如图 12-4 所示。

（2）明确业绩衡量标准

一旦确定某项目标被用于绩效考核工作中，必须收集相关的数据，明确如何以该目标衡量业绩，并建立相关的检查和平衡机制。业绩衡量标准设定要求如图 12-5所示。

（3）实施业绩评价

在给定时间期末，将员工业绩与目标相比较，从而评价业绩，识别培训需要，

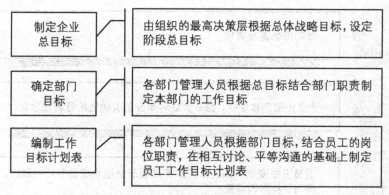

图 12-4　工作目标列表的编制

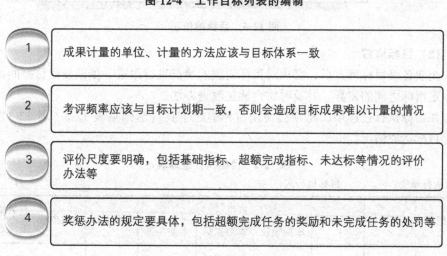

图 12-5　业绩衡量标准设定要求

评价组织战略成功性，或提出下一时期的目标。

（4）检查调整

通过业绩评价，员工找出了自己实际工作业绩与预定目标之间的距离，接着就必须分析这些差距的原因，并且通过调整自己的工作方法等手段，致力于缩小乃至消除上述差距，努力达到自己的目标。

12.1.2.3　考核实施需注意的问题

（1）目标执行与修正

企业设定的目标要落实到各个目标执行部门和员工身上，由目标执行人具体执行。

当企业的目标活动不能达成时，企业应该对制定的目标进行修正。目标修正的3种情形，如图12-6所示。

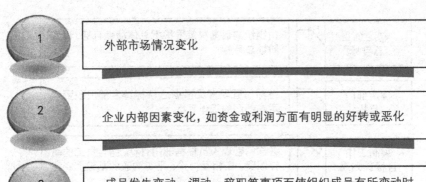

1	外部市场情况变化
2	企业内部因素变化，如资金或利润方面有明显的好转或恶化
3	成员发生变动。调动、辞职等事项而使组织成员有所变动时，需对目标进行调整

图 12-6　目标的修正

(2) 目标追踪

企业各级目标确定后，必须对目标实施的情况进行跟进，借以发现目标的执行与预定目标之间的差异，并及时协商确定改进办法。

在目标执行过程中，常常会使用目标追踪工具（示例见表 12-2、表 12-3）来追踪目标达成情况。

表 12-2　目标执行追踪表

目标执行单位：_____目标执行人：_____　　　　　　　　　　____年____月____日

目标项	工作计划	执行情形	进度（%）			差异原因	改进办法	有关单位签注意见
			本期预计	本期实际	本期差异			

表 12-3　目标改善追踪表

负责部门（个人）：_____　评审人：_____　　　　　　　月份：_____

目标项	改善办法	预定完成日期	实际完成日期	效果追踪

12.1.2.4　提高目标评估有效性的措施

提高目标评估结果有效性的措施如图 12-7 所示。

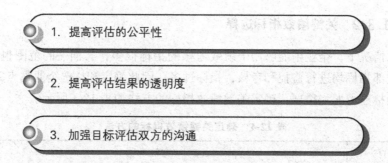

1. 提高评估的公平性

2. 提高评估结果的透明度

3. 加强目标评估双方的沟通

图 12-7　提高目标评估结果有效性的措施

12.1.3　方法 2：KPI 考核法

KPI 考核法即根据宏观的战略目标，经过层层分解之后提出的具有可操作性的战术目标，并将其转化为若干个考核指标，然后借用这些指标，从多个维度，对组织或员工个人的绩效进行考核的一种方法。

关键绩效指标是用来衡量被考核者工作绩效表现的具体量化指标，它来自对企业总体战略目标的分解，反映最能有效影响企业价值创造的关键驱动因素。

12.1.3.1　关键绩效指标体系建立

关键绩效指标体系是对企业宏观目标进行层层分解后，产生的具有可操作性的一系列关键绩效指标。企业关键绩效指标体系的建立通常有以下 3 种方式，如图 12-8 所示。

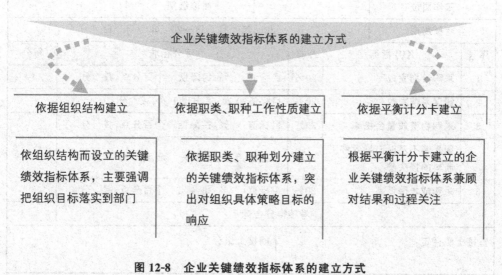

图 12-8　企业关键绩效指标体系的建立方式

12.1.3.2 关键绩效指标选择

通常情况下，企业中能够用于绩效考核的指标很多，其涵盖的范围也比较广，如果对全部指标均进行监控和考核，指标过多，因此确定和挑选企业重点关注的关键绩效指标显得尤为重要。确定关键绩效指标的方法如表 12-4 所示。

表 12-4　确定关键绩效指标的方法

确定方法	方法说明
标杆基准法	企业将自身的关键绩效行为与本行业最强企业的关键绩效行为进行比较，分清这些基准企业的绩效形成原因，并在此基础上确定本企业的关键绩效指标
成功关键法	通过寻找企业成功的关键要点，并对这些关键要点进行重点监控和层层分解，从而选择和确立企业的关键绩效指标
策略目标分解法	通过建立财务指标与非财务指标的综合指标体系对企业的绩效水平进行监控，进而确立企业的关键绩效指标

12.1.3.3 关键绩效指标考核法应用范例

关键绩效指标考核法是绩效考核的常用方法之一，表 12-5 提供了一份××公司关键绩效指标考核法在采购专员考核中的应用，供读者参考。

表 12-5　××公司关键绩效指标考核法在采购专员考核中的应用

被考核者	采购专员		所属部门		采购部
工作岗位			岗位级别		
考核周期	20　年　月　日～20　年　月　日				

序号	KPI 指标	权重	评分标准		得分
1	采购计划完成率	20%	目标值：　%；每降低　个百分点，减　分		
2	错误采购次数	20%	目标值：0 次；每出现 1 次，减　分		
3	采购物资质量合格率	20%	目标值：　%；每降低　个百分点，减　分		
4	因采购不及时而导致停工断料的损失额	20%	目标值：0 元；每损失　元，减　分		
5	采购成本降低率	20%	目标值：　%；每高出　个百分点，减　分		
考核得分合计					
直接上级评定：			间接上级评定：		

12.1.4 流程：采购绩效评估管理流程

采购绩效评估管理流程如图 12-9 所示。

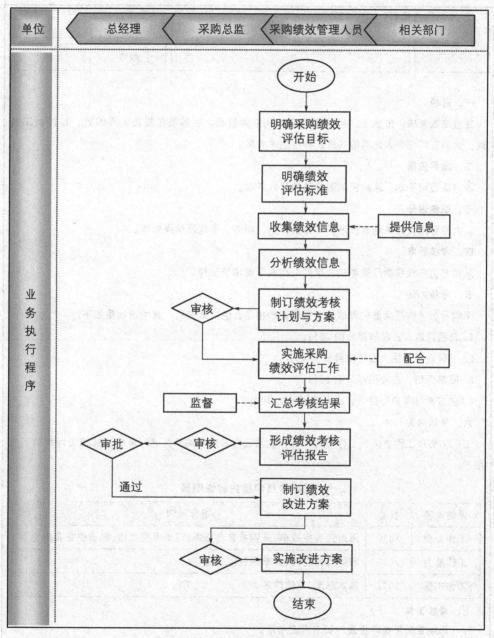

图 12-9 采购绩效评估管理流程

12.1.5　方案：采购人员考核方案

下面是某企业制订的一则采购人员考核方案，仅供参考。

文书名称	采购人员考核方案	编号	
		版本	

一、目的

通过绩效考核，传递工厂经营发展目标和采购目标，引导员工提高工作绩效，挖掘员工潜能，达到工厂与个人之间的双赢，特制定本方案。

二、适用范围

本方案适用于本厂采购部采购专员的绩效考核。

三、职责划分

人力资源部负责采购专员考核工作的计划、组织、协调及结果处理。

四、考核频率

采购专员考核包括月度考核、季度考核及年度考核三种。

五、考核办法

采购专员考核采用量化考核与全方位评价相结合的方式进行，其所占权重如下。

1. 自我评估，占考核得分的 20％。

2. 上级领导评估，占考核得分的 45％。

3. 同事评估，占考核得分的 25％。

4. 供应商（客户）评估，占考核得分的 10％。

六、考核内容

工厂主要从工作态度、工作能力与工作业绩三方面对采购专员进行考核，其相关内容如下表所示。

采购专员考核内容说明表

评估内容	权重	指标示例
工作业绩	80％	采购任务完成率、采购质量合格率、订单差错次数、物资供货及时率等
工作能力	10％	商务谈判能力、订单跟催能力等
工作态度	10％	基本态度、纪律性等

七、考核工具

1."采购专员考核评价表"如下页表所示。

采购专员考核评价表

编号：   日期：　年　月　日

被考核者		所在岗位		所属部门		
考核者		所在岗位		与被考核者关系		□本人□直接上级 □同事□供应商

项目	指标	权重	评分标准	得分
工作业绩（80%）	采购任务完成率	15%	考核期内，采购任务完成率达到100%，得满分；每低　%，扣　分；低于　%，不得分	
	采购物资到货及时率	10%	考核期内，采购物资到货及时率达到100%，得满分；每低　%，扣　分；低于　%，不得分	
	采购质量合格率	15%	考核期内，采购质量合格率达到　%，得满分；每低　%，扣　分；低于　次，不得分	
	不合格物料退货及时率	5%	考核期内，不合格物料退货及时率达到　%，得满分；每低　%，扣　分；低于　次，不得分	
	订单差错次数	10%	考核期内，订单差错次数控制在　次以内，得满分；每超出　次，扣　分；高于　次，不得分	
	新供应商开发个数	10%	考核期内，新供应商开发个数达到　个，得满分；每少　个，扣　分；低于　个，不得分	
	供应商履约率	5%	考核期内，供应商履约率达到　%，得满分；每低　%，扣　分；低于　%，不得分	
	供应商档案完备率	10%	考核期内，供应商档案完备率达到　%，得满分；每低　%，扣　分；低于　%，不得分	
工作能力（10%）	商务谈判能力	5%	1. 未能就采购费用与供应商达成合理共识的，也没能与之建立良好、长久的合作关系，　分 2. 虽然能够说服供应商减少采购费用，但并未取得对方信任，与之建立良好、长久合作关系，　分 3. 能够就采购费用与供应商达成合理共识的，并且建立良好、长久合作关系，为工厂的采购成本节约做出贡献，　分	
	订单跟催能力	5%	1. 未能对供应商进行及时的跟催工作，货物供应延期情况较多，　分 2. 能够保证跟催工作的完成，但跟催质量有待提升，供应商的延期交货情况依然存在，　分 3. 能够及时、有效地完成跟催工作，供应商交期准时率较高，　分	

项目	指标	权重	评分标准	得分
工作态度（10%）	基本态度	5%	1. 未能将工作任务视为责任，需要领导督促才能积极工作，出现错误逃避，　分 2. 能够将工作任务视为责任，努力工作，对于工作错误从不逃避，　分 3. 对负责的工作积极主动，全身心投入，勇于承担工作责任，　分	
	纪律性	5%	1. 未能严格遵守工作纪律，经常违背，　分 2. 能够基本遵守规章纪律，违背频率较小，　分 3. 能够严格要求自己，不违背规章制度，纪律性较强，　分	

2. 采购专员考核得分计算说明如下表所示。

采购专员考核得分计算说明

考核成绩	计算方法
自评分	自评得分×20%
直接上级评分	上级评分×45%
同事评分	同事平均评分×25%
供应商评分	供应商平均评分×10%
最终得分	上级评分×45%＋自评得分×20%＋同事平均评分×25%＋供应商平均评分×10%
备注	工厂绩效考核评分实行百分制

八、绩效申诉

被评估者若认为评估结果不符合实际情况，可于绩效反馈后七个工作日内向直属上级或人力资源部提出申诉。被考核者进行绩效考核申诉时，需填写"绩效考核申诉表"（如下表所示）。

绩效考核申诉表

申诉人		所在岗位		所属部门		申诉日期	
申诉事由							
处理意见或建议	1. 2.						
处理结果							
申诉人对处理结果的意见	1. 2. 3.						
责任部门负责人		人力资源部			总经理		

九、绩效考核结果的运用

绩效考核结果可运用到采购人员晋升、培训及薪酬调动等人事决策上，其对薪酬调整影响如下表所示。

年度考核结果影响薪酬调整情况表

等级	等级定义	分值	薪酬调整
S	优秀	90(含)～100 分	薪酬上调三个等级或升职一级
A	良	80(含)～90 分	薪酬上调两个等级
B	中	70(含)～80 分	薪酬上调一个等级
C	一般	60(含)～70 分	薪资待遇保持不变
D	差	60(不含)分以下	减少 5% 的工资

12.1.6 工具：采购人员目标管理卡

采购人员目标管理卡如表 12-6 所示。

表 12-6 采购人员目标管理卡

被考核者：　职位：　　　　　　　　考核时间：　年　月　日至　年　月　日

目标	目标值	权重	工作计划	完成时间	工作进度 3月	工作进度 6月	工作进度 9月	工作进度 12月	工作条件	工作权限	考评
采购计划完成率	达到　%	30%		计划							
				实绩							
采购质量合格率	达到　%	30%		计划							
				实绩							
采购成本降低率	降低　%	10%		计划							
				实绩							
采购交期提高率	达到　%	10%		计划							
				实绩							
新开发供应商数量	不少于　家	10%		计划							
				实绩							
加速呆滞料处理	控制在库存总额的　%以内	10%		计划							
				实绩							

12.2 绩效改进

12.2.1 分析：绩效分析 2 大维度

对采购人员绩效考核结果的分析，可从纵向与横向 2 个角度来分析。绩效分析的角度的具体内容如图 12-10 所示。

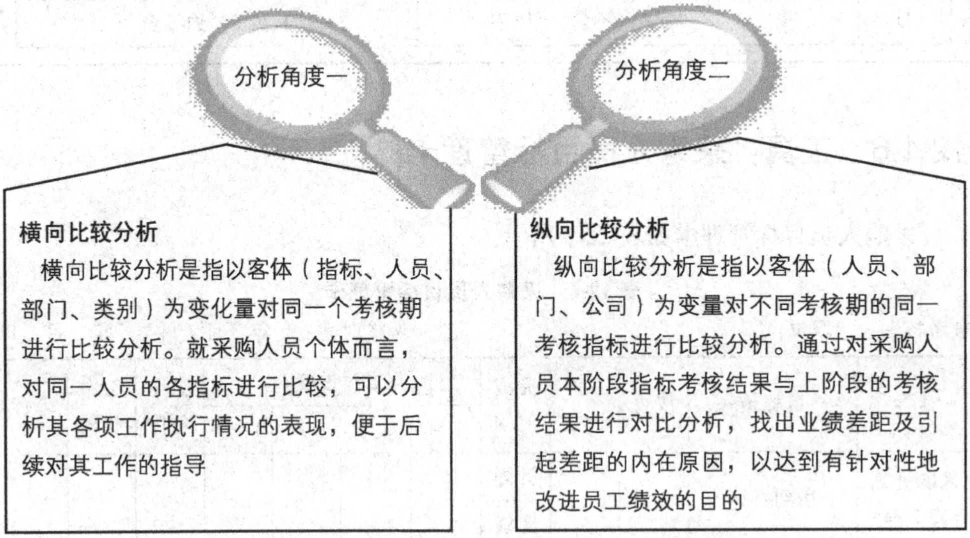

分析角度一

分析角度二

横向比较分析

横向比较分析是指以客体（指标、人员、部门、类别）为变化量对同一个考核期进行比较分析。就采购人员个体而言，对同一人员的各指标进行比较，可以分析其各项工作执行情况的表现，便于后续对其工作的指导

纵向比较分析

纵向比较分析是指以客体（人员、部门、公司）为变量对不同考核期的同一考核指标进行比较分析。通过对采购人员本阶段指标考核结果与上阶段的考核结果进行对比分析，找出业绩差距及引起差距的内在原因，以达到有针对性地改进员工绩效的目的

图 12-10　绩效分析的角度

12.2.2 方法：绩效改进方法

采购绩效是指采购产出与相应的投入之间的对比关系，它是对采购效率进行的全面整体的评价。对采购绩效做出评价的最终目标是提高采购绩效，为企业创造更多的利润，这迫使采购人员想办法提高采购绩效。

那么提高采购绩效的方法有哪些呢？下面重点介绍了 2 种方法：HPT 模型和标杆超越法。

12.2.2.1　HPT 模型

HPT 模型是以一种结构化（而不是线性的文字描述或列表）的形式，为提高人类绩效提供指南。绩效技术模型揭示了工作环境的复杂性和所有要素之间的相互影响，从而为绩效技术从业人员说明如何在工作中提高绩效的操作步骤。绩效技术模型的构成要素有：系统方法和绩效问题。

将 HPT 模型运用到采购绩效改进工作中，HPT 模型的操作步骤主要包括以下 5 个方面。

① 绩效分析：包括组织分析、职位分析、环境分析等内容。

② 绩效差距分析：产生绩效差距的原因分析。

③ 设计/开发：包括绩效支持、员工提升、组织沟通、人力资源、财政系统等方面的设计与开发。

④ 执行：包括管理改革、过程咨询、员工发展、通信、网络等方面的内容。

⑤ 评估：包括形成性、总结性等方面的评估。

12.2.2.2　标杆超越法

标杆超越，是指通过寻找和研究有助于本集团战略实现的其他优秀集团（或企业）的有利实践，以此为标杆，将本集团的产品、服务和管理等方面的实际情况与这些标杆进行定量化评价和比较，对这类标杆企业达到顶尖水平的原因进行分析，结合自身实际进行创造性的学习、借鉴并选取最优方案进行改进，从而赶超标杆企业不断提高的过程。

在标杆选取时需要注意的问题。

① 标杆超越中的标杆是指对实践有利，但不一定是最佳实践或最优标准。

② 标杆超越中的标杆有很大的选择空间，企业可在广阔的全球范围内寻找其基准点。

③ 该方法是一种直接的、片断式的、逐步推进的管理方法。

④ 该方法尤其注重不断的对比和衡量。

了解了标杆超越方法的基本概念和需要注意的问题之后，最重要的还是要将它投入到我们的实际工作中，标杆超越法在绩效改进工作中的运用，如图 12-11 所示。

12.2.3　流程：采购绩效改善流程

采购绩效改善流程如图 12-12 所示。

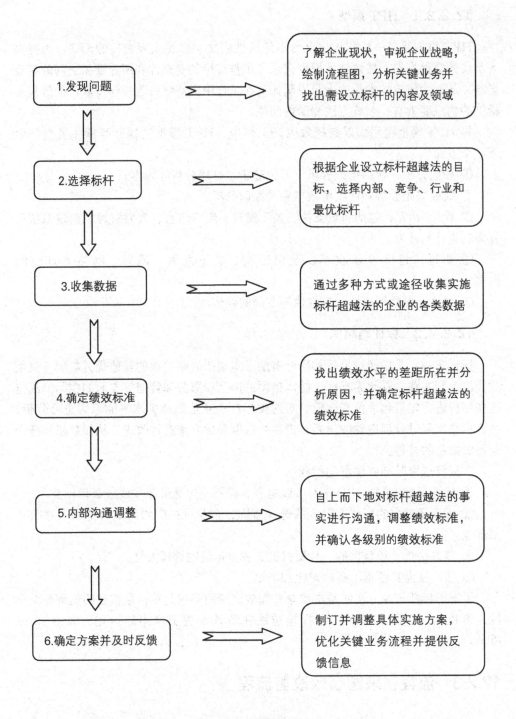

1.发现问题	⇒	了解企业现状,审视企业战略,绘制流程图,分析关键业务并找出需设立标杆的内容及领域
2.选择标杆	⇒	根据企业设立标杆超越法的目标,选择内部、竞争、行业和最优标杆
3.收集数据	⇒	通过多种方式或途径收集实施标杆超越法的企业的各类数据
4.确定绩效标准	⇒	找出绩效水平的差距所在并分析原因,并确定标杆超越法的绩效标准
5.内部沟通调整	⇒	自上而下地对标杆超越法的事实进行沟通,调整绩效标准,并确认各级别的绩效标准
6.确定方案并及时反馈	⇒	制订并调整具体实施方案,优化关键业务流程并提供反馈信息

图 12-11   标杆超越法在绩效改进工作中的运用

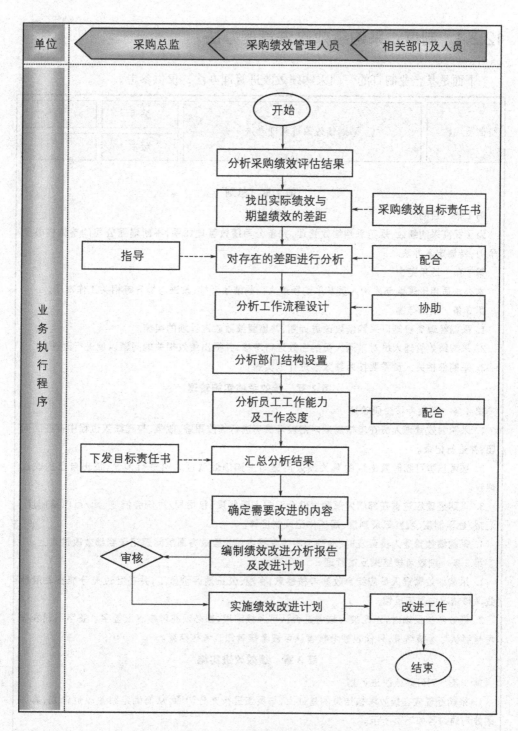

| 单位 | 采购总监 | 采购绩效管理人员 | 相关部门及人员 |

业务执行程序

开始

分析采购绩效评估结果

找出实际绩效与期望绩效的差距 ← 采购绩效目标责任书

指导 → 对存在的差距进行分析 ← 配合

分析工作流程设计 ← 协助

分析部门结构设置

分析员工工作能力及工作态度 ← 配合

下发目标责任书 → 汇总分析结果

确定需要改进的内容

编制绩效改进分析报告及改进计划 → 审核

审核 → 实施绩效改进计划 → 改进工作

结束

图 12-12 采购绩效改善流程

12.2.4 制度：采购绩效改进管理办法

下面是某企业制订的一则采购绩效改进管理办法，仅供参考。

制度名称	采购绩效改进管理办法	编号	
		版本	

第1章 总则

第1条 目的

为了提高采购绩效,规范采购绩效管理,完善公司绩效管理体系,不断增强公司的整体核心竞争力,特制定本办法。

第2条 适用范围

本办法适用于采购部采购人员及采购管理人员的绩效考核、改进与提升等相关工作事项。

第3条 适用范围

1. 采购经理负责制订采购绩效改进计划,并监督绩效改进计划的实施。

2. 采购绩效管理人员对采购人员的绩效进行考核,并提出绩效相关的问题以便进行改进。

3. 采购部相关人员需要按照绩效改进计划实施。

第2章 绩效考核实施管理

第4条 绩效考核阶段管理

1. 采购绩效管理人员在考核周期内对被考核者进行绩效跟踪,收集、整理绩效过程中存在的问题,并进行记录。

2. 被考核者可随时就出现的有关绩效问题与采购绩效管理人员进行沟通,提出自己的改进建议。

3. 采购经理应注重在部门内部建立健全双向沟通制度,包括周/月例会制度、周/月总结制度、汇报/述职制度、观察记录制度、周工作记录制度等。

4. 采购绩效管理人员要及时、准确地将被考核者绩效改进方面的问题记录到绩效改进表上。

第5条 绩效考核结果反馈管理

1. 采购绩效管理人员应综合收集考核信息,客观、公正地评价员工,并在经过充分准备后就绩效考核情况向员工反馈。

2. 绩效考核反馈时,无论被考核者是否认可考核结果,都必须在考核表上签字。签字不代表被考核者认可考核结果,只代表被考核者认可被考核者知晓考核结果。

第3章 绩效改进实施

第6条 制订绩效改进计划

1. 采购经理应在绩效考核结果的基础上,与员工进行充分沟通,从而确定绩效改进计划,具体绩效沟通内容如下页所示。

①分析员工绩效考核结果。

②找出员工工作绩效中存在的不足之处。

③针对存在的问题制订合理的绩效改进计划等。

2. 拟订绩效改进计划的注意事项。拟订绩效改进计划，至少应符合下列三点要求。

①计划内容要有实际操作性，即拟订的计划内容需与员工待改进的绩效工作相关联且是可以实现的。

②计划要获得管理者与员工双方的认同，即管理者与员工都应接受这个计划并保证该计划的实现。

③符合 SMART 原则，即绩效改进计划要满足具体、可衡量、可达到、相关联、有时限性五点的要求。

第 7 条　绩效改进计划实施和效果评估

1. 采购相关人员需要根据绩效改进计划实施绩效改进，从而提高其技术水平。

2. 在绩效改进实施之后，企业需对绩效改进计划的实施效果进行评估，具体评估可以从以下四个方面来进行。

①反应。实施改进计划后，改进活动对他们的影响及员工对其反应如何？客户和供应商的反应怎样？

②学习或能力。在绩效改进计划实施之后，员工了解或掌握了哪些在改进之前不会的知识或技能。

③转变。改进活动对工作方式是否产生了所预期的影响，工作中是否开始运用新的技能、工具、程序，等等。

④结果。改进活动对绩效差距的影响是什么？差距的缩小与经营行为是否具有正向相关关系？评估结果将反馈回组织观察和分析过程之中，从而开始新的循环过程，以不断提升员工的绩效。

第 4 章　附则

第 8 条　本办法由采购部和人力资源部联合制定，报总经理审批后执行。

第 9 条　本办法自发布之日起实行。

编制日期		审核日期		批准日期	
修改标记		修改处数		修改日期	

12.2.5　工具 1：绩效面谈记录表

绩效面谈记录表如表 12-7 所示。

表 12-7　绩效面谈记录表

被考核人姓名		职位	
考核得分		面谈日期	
面谈人		职务关系	
面谈项目		面谈记录	
上期绩效总结及问题回顾			
对本次绩效考核有什么看法			
下一步的工作绩效的改进方向			
希望从公司得到怎样的帮助			
是否需要接受一定的培训需要哪些方面的培训			
对部门工作和公司工作的建议			
备注			
受谈人		面谈人		审核人	

12.2.6　工具 2：采购绩效改进表

采购绩效改进表如表 12-8 所示。

表 12-8 采购绩效改进表

姓名			部门		
岗位			直接领导		
不良绩效描述					
有待改善绩效	原因分析	改善措施	改善措施记录	改善所需时间	改善后的效果
被考核者签字		直接主管签字		部门经理签字